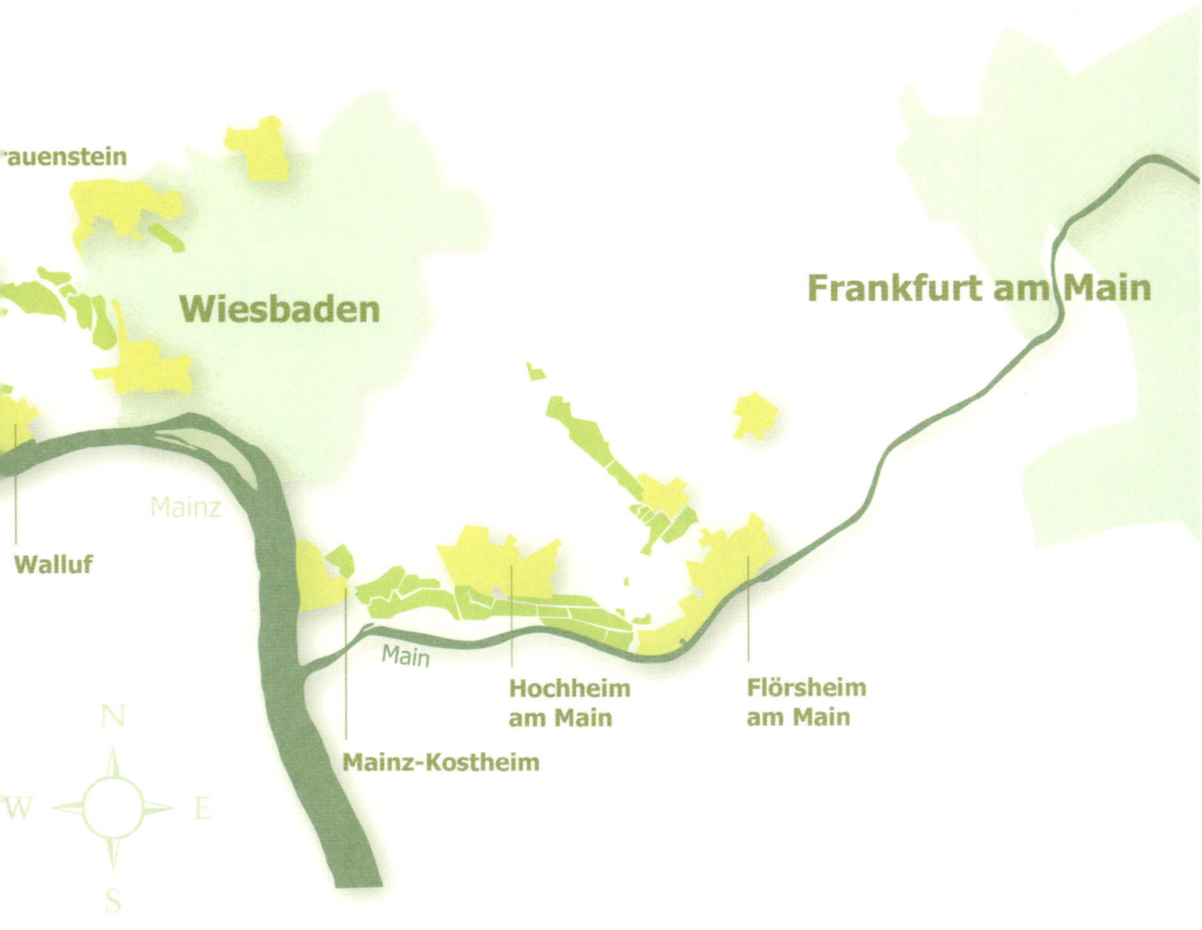

rauenstein
Wiesbaden
Frankfurt am Main
Mainz
Walluf
Main
Hochheim am Main
Flörsheim am Main
Mainz-Kostheim
N
W
E
S

Heiner Boehncke | Hans Sarkowicz
Fotografien von Christian Seeling

Der literarische Rheingau

Heiner Boehncke | Hans Sarkowicz
Fotografien von Christian Seeling

Der literarische Rheingau

Wanderungen durch eine poetische Landschaft

Waldemar Kramer

Inhalt

Vorwort

Durch die poetische Rheingaulandschaft kann man mit diesem Buch auf verschiedene Weise wandern. Einmal zu Fuß auf dem Rheinsteig, durch den Ostein'schen Park, den Leinpfad am Rheinufer entlang, am Oestricher Kran vorbei oder dem eigenen Kompass folgend kreuz und quer auf den Wegen durch die Weinberge. Das sind nur ein paar Empfehlungen. Der Rheingau ist zwar von übersichtlicher Größe, wandern, spazieren oder bei einer Schlenderweinprobe mitmachen kann man aber nach Lust und Laune und stunden- oder tagelang. Andererseits lässt sich der Rheingau bequem als *armchair traveller* durchwandern. So pflegten es viele Engländer im 19. Jahrhundert zu tun, die zuerst mit Romanen der Rheinromantik ihrer Fantasie Flügel machten, um dann als Pioniere des Tourismus an den Rhein zu kommen.

Wir möchten eine dritte Möglichkeit empfehlen: mit diesem Buch an die Schauplätze der hier vorgestellten Texte zu reisen, um an Ort und Stelle beides zu tun. Die bezaubernde Kulturlandschaft des Rheingaus genießen und sich der Literatur anvertrauen, die dort verankert ist. Dafür haben wir konkrete Vorschläge gemacht und mögliche Leseorte markiert: Clemens Brentano im Ostein'schen Park, Goethe vor dem Brentanohaus in Winkel, Freiligrath in der Assmannshäuser Krone oder Thomas Mann an der Rheinuferpromenade in Eltville. Es kann sein, dass sich dabei Landschaft und Literatur gegenseitig kommentieren, beleuchten, steigern. Im Rheingau ist alles möglich.

Wahrscheinlich wurde und wird er deshalb gern mit einem Paradies verglichen. Ein paar Paradiesschilderungen haben wir versammelt. Goethe war zweimal im Rheingau. Seine beiden Reisen waren sehr vielschichtig, manchmal dramatisch, aber immer war der poetische Ertrag staunenswert. Die Romantik hat den Rhein und den Rheingau erfunden. Das hört sich schräg an, wird aber plausibel, wenn man ihren poetischen Strategien folgt, denen wir viel Raum lassen. Der politische Rhein wird oft vergessen. Er spielte aber, besonders in der ersten Hälfte des 19. Jahrhunderts, in Deutschland und Europa eine sehr bedeutende Rolle. Vor allem auch für eine kritisch-witzige Publizistik. Große Literatur wurde über den Rheingau auch im 20. Jahrhundert verfasst. Vielleicht finden sich hier ein paar Überraschungen.

Im Sommer wird im Rheingau ein unvergleichliches Fest gefeiert. Michael Herrmann, der Intendant des Rheingau Musik Festivals und des Rheingau Literatur Festivals, schreibt darüber.

Paradies Rheingau

Seit dem Mittelalter wurde der Rheingau in der Literatur nicht selten zum Paradies erklärt, oft auch zum „Irdischen Paradies". Das ist die höchstmögliche Steigerung. Schöner als im Paradies kann es nirgendwo sein. Wenn etwas „unbeschreiblich schön" ist oder einem „die Worte fehlen", dann sollte man mit der Beschreibung aufhören. Das Paradies aber lässt Raum für Träume und Vorstellungen vom idealen Ort, vom allerschönsten Garten. Wunderbarerweise gibt es das Paradies im Plural. Also könnte davon doch eine Steigerung existieren. Die Steigerung des einen Paradieses sind die anderen, zum Beispiel diejenigen aus der Literatur. Solche haben wir ausgewählt und zu einer Kollektion zusammengeführt. Das Resultat für den Rheingau könnte dann so lauten: Bei der Beschreibung des „feinen Ländleins"[1] zwischen Walluf und Lorchhausen haben nicht wenige Dichterinnen und Dichter sich die Mühe gemacht, die höchstmögliche Form ihrer Schreibkunst zu verwenden. Sie haben ihre Metaphern und Vergleiche besonders gründlich reflektiert und Klischees gemieden wie der Teufel das Weihwasser, weil ja schließlich vom Paradies die Rede ist. Weil der Rheingau offenbar so erscheint, wie sie sich das Paradies vorstellen. Den Anfang macht die älteste, uns bekannte Version vom Paradies Rheingau. Die Wunschträume der mittelalterlichen Agrargesellschaft galten eher einem Überfluss an Nahrungsmitteln. Der Mönch Johannes Butzbach aus Miltenberg berichtet um 1500 in seinem *Wanderbüchlein* von einer Reise an den Rhein. Die Klöster im Rheingau sind ihm verständlicherweise besonders wichtig:

„Der Rheingau, in dessen Mitte auf einem Berge unfern des Rheines das Kloster Johannisberg gelegen ist, hat zwar nur eine geringe Ausdehnung von vier Meilen und erstreckt sich von Walluf bis Lorch, der Stadt Bacharach gegenüber. Es ist aber ein gar anmutig Land mit Wein, Getreide, Waldungen, Wasser und den verschiedenartigsten Obstbäumen reich gesegnet, mit vielen stadtähnlichen Ortschaften übersäet, unter denen zwei besonders bedeutend sind, nämlich Bingen und Elfeld [Eltville, d. A.]. Auch besitzt es als Zierde mehrere Klöster beiderlei Geschlechts, als nämlich Eberbach, vom Orden des heiligen

1 Karl Rolf Seufert: ...ist ein feins Ländlein. Eine Kulturgeschichte des Rheingaus von den Anfängen bis zur Gegenwart. Eltville 1983.

Bernhard, Johannisberg, Rupertsberg bei Bingen, Gottestal und andre. Mittendurch strömt der Rhein, reich an Inseln und Wiesen, wovon einige von beträchtlicher Ausdehnung sind. Das Volk ist hier wohlhabend und tapfer, also daß sie vorzeiten sogar Mainz erobert haben. Es freut sich alter Gerechtsame und Gewohnheiten, die von den Altvordern her festgewurzelt sind. Vier Fürsten haben einstmals versucht, dieses Land anzugreifen: sie mußten zuletzt unverrichteter Sache wieder abziehen. Also stark ist nämlich der Gau bewehrt durch seine Wälder, Berge und Wälle auf der einen Seite, während er auf der andern von dem Rhein umflossen wird. Über den Rheingau schreibt Bruder Bartholomäus der Engländer vom Orden der Minderbrüder in seinem Werke Von den Eigenschaften der Dinge im 15. Buch, 127. Kapitel, noch folgendes: Der Rheingau ist ein kleines Gebiet, welches von Mainz abwärts am Ufer des Rheins bis nach Bingen sich erstreckt. Von dem mittendurch fließenden Strom hat es den Namen Rheingau erhalten. Zwar klein ist nur das Ländchen, aber auf beiden Seiten des Rheines bis zu den Gipfeln der Berge hinauf wunderbar lieblich, und so fruchtbar ist die Gegend, daß es nicht bloß die Bewohner, sondern selbst den flüchtig am Ufer vorbeiziehenden Wanderer ergötzt und anmutet wie eine Heimat unnennbarer Lust. Der Boden ist daselbst so üppig und ergiebig, daß er Getreide und Obst in ebenso großer Fülle wie Schnelligkeit hervorbringt. Auf demselben Grundstücke erzeugt derselbe die verschiedensten Obstsorten ebenmäßig wie Nüsse. Bei allem Obstreichtum fehlt es gleichwohl nicht an Getreide. Auch hindert die Obstbaumzucht ebensowenig den Weinbau. Im Gegenteil, ein und dasselbe Äckerlein bringt hier Getreide und Wein, Nüsse und Obst, Äpfel und Birnen und mannigfache andere Erzeugnisse hervor. Warme Heilquellen, nützlich für allerlei Übel des Körpers, entspringen hier dem Innern der Erde. So bietet dieses Land noch manches für die Bedürfnisse und Freuden des Lebens, welches alles im einzelnen zu erzählen zu weit führen würde.“[2]

Mit einem gewaltigen Sprung geht es vom überaus fruchtbaren Äckerlein bei Johannes Butzbach zur wahrscheinlich schönsten paradiesischen Rheingau-Beschreibung der deutschen Literatur: zu Heinrich von Kleist. Für ihn war die Begegnung mit dem Rhein einer der wenigen glücklichen Momente auf der Reise nach Paris, die eher einer Flucht aus Berlin glich – vor der verhassten Arbeit im preußischen Wirtschaftsministerium. An

2 Johannes Butzbach: Chronica eines fahrenden Schülers oder Wanderbüchlein. Übers. von Damian Johann Becker. Regensburg 1869, S. 127-129.

Karoline von Schlieben schrieb Kleist, dessen Landschaftsschilderungen auch immer verschlüsselte Botschaften über das eigene Befinden waren, am 18. Juli 1801 aus Paris:

„Doch der schönste Landstrich von Deutschland, an welchem unser großer Gärtner sichtbar con amore gearbeitet hat, sind die Ufer des Rheins von Mainz bis Koblenz, die wir auf dem Strome selbst bereist haben. Das ist eine Gegend wie ein Dichtertraum, und die üppigste Phantasie kann nichts Schöneres erdenken, als dieses Tal, das sich bald öffnet, bald schließt, bald blüht, bald öde ist, bald lacht, bald schreckt. Pfeilschnell strömt der Rhein von Mainz und gradaus, als hätten wir sein Ziel schon im Auge, als sollte ihn nichts abhalten, es zu erreichen, als wollte er es ungeduldig auf dem kürzesten Weg ereilen. Aber ein Rebenhügel tritt ihm in den Weg und beugt seinen stürmischen Lauf, sanft, aber mit festem Sinn, wie eine Gattin den stürmischen Willen ihres Mannes, und zeigt ihm mit stiller Standhaftigkeit den Weg, der ihn ins Meer führen wird – und er ehrt die edle Warnung und gibt, der freundlichen Weisung folgend, sein voreiliges Ziel auf, und durchbricht den Rebenhügel nicht, sondern umgeht ihn, mit beruhigtem Laufe dankbar seine blumigen Füße ihm küssend.“[3]

Heinrich von Kleist (1777 – 1811)

Zehn Tage später schreibt er an Adolfine von Werdeck. Diesmal vermischen sich die schmerzhaften Erinnerungen an seine erste Rheinreise von 1793 mit der als glücklich empfundenen Gegenwart:

„Wir standen damals in Bieberich in Kantonierungsquartieren. Vor mir blühte der Lustgarten der Natur – eine konkave Wölbung, wie von der Hand der Gottheit eingedrückt. Durch ihre Mitte fließt der Rhein, zwei Paradiese aus einem zu machen. In der Tiefe liegt Mainz, wie der Schauplatz in der Mitte eines Amphitheaters. Der Krieg war aus dieser Gegend geflohen, der Friede spielte sein allegorisches Stück. Die Terrassen der umschließenden Berge dienten statt der Logen, Wesen aller Art blickten als Zuschauer voll Freude herab und sangen und sprachen Beifall – Oben in der Himmelsloge stand Gott. Hoch an dem Gewölbe des großen Schauspielhauses strahlte die Girandole der Frühlingssonne, die entzückende Vorstellung zu beleuchten. Holde Düfte stiegen, wie Dämpfe aus Opferschalen, aus den Kelchen der Blumen und Kräuter

3 Heinrich von Kleist an Karoline von Schlieben am 18. Juli 1801. In: Ders.: Sämtliche Werke und Briefe. Hg. von Helmut Sembdner. Zweiter Band. München 8-1985, S. 663.

empor. Ein blauer Schleier, wie in Italien gewebt, umhüllte die Gegend, und es war, als ob der Himmel selbst hernieder gesunken sei auf die Erde – Ach, ich entsinne mich, daß ich in meiner Entzückung zuweilen, wenn ich die Augen schloß, besonders einmal, als ich an dem Rhein spazieren ging, und so zugleich die Wellen der Luft und des Stromes mich umtönten, eine Ganze vollständige Sinfonie gehört habe, die Melodie und die begleitenden Akkorde, von der zärtlichen Flöte bis zum rauschenden Kontra-Violon. Das klang wie eine Kirchenmusik, und ich glaube, daß alles, was uns die Dichter von der Sphärenmusik erzählen, nichts Reizenderes gewesen ist, als diese seltsame Träumerei.

Zuweilen stieg ich allein in einen Nachen und stieß mich bis auf die Mitte des Rheins. Dann legte ich mich nieder auf den Boden des Fahrzeugs, und vergaß, sanft von dem Strome hinabgeführt, die ganze Erde, und sah nichts als den Himmel."[4]

Friedrich Hölderlin
(1770 – 1843)

Vielleicht verstehen unglückliche Menschen – und Kleist sah sich oft als ein solcher – mehr vom Paradies als jene, die sich schon als dessen Insassen begreifen.

Friedrich Hölderlin bereiste den Rheingau im Jahre 1801. Das Schlaraffenland ist ein Paradies der Hungernden. Sie träumen von nicht enden wollenden Gelagen mit Strömen von Wein und gebratenen Flughähnchen. Eine poetisch gehobene Variante liefert Hölderlin in seiner ersten Elegie *Der Wanderer*:

„(...) Seliges Tal des Rheins! kein Hügel ist ohne den Weinstock,
Und mit der Traube Laub Mauer und Garten bekränzt,
Und des heiligen Tranks sind voll im Strome die Schiffe,
Städt und Inseln, sie sind trunken von Weinen und Obst.
Aber lächelnd und ernst ruht droben der Alte, der Taunus,
Und mit Eichen bekränzt neiget der Freie das Haupt. (...)"[5]

„Lächelnd und ernst" ruht der Taunus. Das Paradies in der Literatur ist, wo es mehr verspricht als widerspruchlose, glatte Schönheit, kein langweiliger Ort ewiger Wellness. Leben erhält es durch Kontraste,

4 Heinrich von Kleist an Adolfine von Werdeck am 28. Juli 1801. In: Kleist: Sämtliche Werke, a.a.O., S. 673 f.

5 Friedrich Hölderlin: Der Wanderer (Zweite Fassung). In: Friedrich Hölderlin: Sämtliche Werke und Briefe. Hg. von Günter Mieth. Band 1: Gedichte. Berlin [2] 1995, S. 396.

Panoramablick auf Schloss Johannisberg

Widersprüche. Bei Heinrich von Kleist „blüht" das Tal und ist „öde", es „lacht" und „schreckt". So schult die Literatur die Wahrnehmung. „Unbeschreibliche Schönheit" rutscht leicht in den Kitsch. Beschriebene Schönheit übersieht nicht das Gegenteil.

Das Paradies, auch das so oft gesuchte legendäre „Irdische Paradies" ist nicht denkbar und verstellbar ohne Zaun, ohne eine Grenze zur „normalen" Welt. Das Wort „Paradies" stammt aus dem Altpersischen und bedeutet zunächst „abgezäunter Bereich". Über die griechische Bibelübersetzung kam das Paradies als „Garten Eden" – hebräisch „Gan Eden", sumerisch „Gaun Eden" – auf uns. Erst der Zaun macht das Paradies zum Sehnsuchtsterrain. Wo aber ist der Zaun um das Rheingau-Paradies? Es gibt ihn. Er hieß „das Gebück". Adelheid von Stolterfoth schreibt 1838 in der ersten landeskundlichen Publikation über den Rheingau:
„Das Ländchen hatte sich durch frühzeitige Cultur reiche Besitzthümer und mit diesen viele Rechte und Freiheiten erworben. Um es vor den Einbrüchen äusserer Feinde zu sichern, so ward nach dem Vorbilde des durch Kaiser Trajan errichteten Pfahlgrabens im eilften Jahrhundert

ein Verhag, das Gebück genannt, welches man später an vielen Stellen mit Thürmen und befestigten Pforten versah, längs seinen Grenzen angelegt. Dieses Gebück (...) bestand aus tiefen Gräben und einem fünfzig Fuß breiten District des Waldes, der den Rheingau umzog."[6]

Heute existieren nur noch wenige Reste des 1771 aufgegebenen Gebücks, an denen vorbei der Rheingauer Gebück-Wanderweg führt. Der ungefähr 50 Kilometer lange Weg im Naturpark Rhein-Taunus beginnt in Niederwalluf, folgt in etwa der Landwehr Rheingauer Gebück und endet bei der Wispermündung in Lorch. Auf 21 Infotafeln erfährt der Wanderer Wissenswertes über Geschichte und Zweck des Gebücks.

Der Historiker, streitbare konservative Staatstheoretiker und Politiker in kurmainzischen Diensten Nicolaus Vogt war ein geradezu fanatischer Kenner und Propagandist des Rheingau-Paradieses. Seine Liebe ging so weit, dass er sein Herz und Hirn auf dem Mühlstein am Binger Loch in einem eisernen Behälter begraben ließ. Ein Kreuz markiert die etwas makabre Stelle. Einer seiner Schüler, der Staatskanzler Fürst von Metternich, stiftete ihm auf dem Friedhof von Schloss Johannisberg einen Grabstein. Die vier Bände seiner *Rheinischen Geschichten und Sagen*, die zwischen 1817 und 1836 erschienen, sind noch immer eine Fundgrube für Liebhaber des Rheingaus. Der Freund der Familie Brentano und häufige Gast in ihrem Winkeler Landsitz schrieb in den Begleittexten zu den *Mahlerischen Ansichten des Rheins von Mainz bis Düsseldorf*, die 1806 in drei Heften erschienen:

„Wer die Rheinfahrt machen will der schönen und großen Naturszenen wegen, die an seinen Ufern in den reizendsten Mischungen wechseln, um der hohen Erinnerungen willen, die sich an seine Umgebungen anknüpfen, der wähle Mainz zu dem Punkte seines Ausflugs und endige mit Düsseldorf, wo die schöne Natur von ihm Abschied nimmt, und ihn der Führung ihrer Zwillingsschwester, der Kunst, überläßt.
Diese Strecke von ungefähr sechzehn Meilen, enthält das Paradies von Deutschland. Hier wurde der erste heiße Kampf um unsere Freiheit gekämpft, hier ging der edle Drusus über den Rhein, ein Römer, als schon keine mehr waren, und wert, für die Sache seiner Feinde zu kämpfen. Hier stand die Wiege Karls des Großen; von hier aus ging

6 Adelheid von Stolterfoth: Rheinisches Album oder Beschreibung, Geschichte und Sage des Rheingaues und des Wisperthales. Mainz o. J. (1840), S. 6.

die Erfindung der Buchdruckerkunst und mit ihr die Kultur der Erde. Da ist jeder Schritt heiliger Boden, da wechseln die farbenlosen Bilder Ossians mit den anmutigsten Gemälden Virgils, theokritische Fischeridyllen mit Armidens Zaubergärten. Von den Felsen winken die Trümmer zerfallener Ritterburgen und erinnern an die Geschichte vergangener Zeit; die Städte zeigen ihre alten Kaufhäuser und Rathäuser als Überreste unserer Verfassung, von der vielleicht auch bald nichts mehr übrig sein wird als einige Blätter in der Geschichte; Abteien und Landhäuser und fröhliche Dörfer, blühende Weinberge und Eichenhaine mit Druidenaltären, einsame Hirtentäler und lachende Auen und himmelanstrebende Berge; und überall dazwischen das heitere Leben der Menschen, ihr stilles Wirken und ihre laute Freude – dies und was keine Sprache und kein Pinsel nachzubilden vermag, fesselt hier das Auge des erstaunten Wanderers, dem jeder Blick eine neue Schönheit, jeder Ruderschlag einen neuen Genuß bereitet."[7]

Abtei St. Hildegard im Morgennebel

7 Nicolaus Vogt in: Mahlerische Ansichten des Rheins von Mainz bis Düsseldorf. Heft 1. Frankfurt am Main 1806, S. 4 f.

Mit dem Topos des Paradieses sollte man haushälterisch verfahren. Zu viel Paradies inflationiert das eigentlich Einmalige. Dieser Gefahr entging Aloys Henninger nicht immer. Vielmehr addiert er die ihm bekannten Rheingauer Paradiesschilderungen und treibt ihre Berühmtheit mit Zitaten auf Weltniveau. Henninger war Lehrer an der Realschule Diez an der Lahn und unbeirrbarer Verfechter liberaler Ideen. Das kostete ihn nach dem Scheitern der Revolution von 1848/49 die Anstellung. Fortan musste er als Privatlehrer und freier Schriftsteller durchkommen. Ihm ist das monumentale Werk *Das Herzogthum Nassau in malerischen Original-Ansichten (...)* zu verdanken, das 1842 zuerst recht schmal, seit 1853 in erheblich erweiterten Neuauflagen immer wieder erschien. Der Rheingau gehörte nach der napoleonischen Gründung zum Herzogtum Nassau, das 1866, nach dem Sieg Preußens über Österreich, von der Großmacht annektiert wurde. Henninger erinnert an Nicolaus Vogt und dessen Eigenart, als Fremdenführer ins Paradies zu wirken.
„Wenn der begeisterte Geschichtsschreiber Niklas Vogt, bevor er seine historischen Vorträge begann, seine Zuhörer auf die Rheinbrücke zu

Mainz führte, um ihnen ein lebendiges Bild von den Schönheiten des Paradieses zu geben, mit welchem er seine Vorlesungen über rheinische Geschichte zu eröffnen pflegte; um wieviel mehr müßte ich meine freundlichen Leser persönlich zu den schönsten Punkten jener herrlichen Landschaft geleiten, deren Schilderung ich jetzt versuchen soll, während ihre reizenden Bilder doch weder in Worten so treu, wie ihre Geschichte, noch in Farben so treffend, wie ihre Natur, wiedergegeben, sondern nur durch eigne Anschauung in dem ganzen Zauber genossen werden können, der als diesem Winkel der Erde eigenthümlich gerühmt werden muß! – Gewiß, Simrock hatte Recht, als er fragte: ‚Und dies Thal von Mainz bis Bingen, von Castel bis Rüdesheim, in aller Fülle der Fruchtbarkeit prangend, mit blühenden Ortschaften und leuchtenden Palästen übersäet, sanft angespült von dem schöngewundenen, auenreichen Strome, umkränzt von weintriefenden, anmutig thronenden Hügeln, überwacht von höheren, aus blauer Ferne herüberblickenden Gebirgen, und zuletzt bei Bingen durch ein mächtiges Felsentor geschlossen, wer ist Mann, solch ein Paradies zu schildern?‘ – Gern möchte ich mich daher begnügen, diese reizende Landschaft mit ihren zahlreichen Verherrlichern, das ‚deutsche Paradies', oder mit Bulwer gar das schönste Thal der Welt zu nennen; (...)"[8]

Der britische Autor Edward Bulwer-Lytton lieferte mit seinem 1834 in London erschienenen Roman *The Pilgrims of the Rhine* den entscheidenden Schwung für die Begeisterung der Engländer für den „wildromantischen" Rhein und beförderte den Rhein-Tourismus erheblich. Die deutsche Ausgabe *Die Pilger am Rhein* erschien gleich im selben Jahr in Zwickau und wurde ein großer Erfolg. Zu Weltruhm gelangte Bulwer-Lytton mit seinem archäologischen Roman *Die letzten Tage von Pompeji*, der ebenfalls 1834 erschien. Eine der „schönsten Aussichten auf Erden" genossen die Liebenden vom Ostein'schen Park aus. Auch ein Paradies. Hier folgt die Passage aus *Die Pilger am Rhein*:

Blick über die Weinberge auf das Gutsrestaurant Schloss Johannisberg

„Nachdem sie eines Morgens aus einer dieser Exkursionen das Gehölz des *Niederwalds* durchstreift, gewannen sie jenen kleinen, feenhaften Tempel, der leicht an der Stirn des Berges hangend, eine der schönsten

Aussichten auf Erden beherrscht. Nebeneinander sitzend schauten die Liebenden hier auf die schöne Welt unter sich hinab. Fern, zur Linken, lagen die glücklichen Inseln in der Umarmung des Rheins, der sich durch die niedern, gekrümmten Anger in der Umgebung von *Niederingelheim* und Mainz hinwindet. Weit herüberschimmernd ergoß sich die *Nah*, vorüber am *Mäusethurm* und den das alterthümliche *Bingen* krönenden Trümmern des *Klopp*, in den Hauptstrom. Dort erhoben sich zu beiden Seiten der Stadt der *Rochus*- und der *Rupertsberg*, letzterer mit einer alten, trüb in der Sonne stehenden Klosterruine. Aber näher, unterhalb des Tempels, gähnte, im Gegensatz mit allen andern Zügen der Landschaft, ein dunkler, zerrissener Schlund herauf, umgürtet von hohen Ulmen und verwitternden Burgen, ein eigentliches Bild des Abgrundes der Zeit – schwarz und ankerlos unter Trümmern und Verödung.

‚Oft denk' ich', sagte Gertrud, ‚wenn wir vor Gegenden wie dieser hier beisammen sitzen, und der wirklichen Welt entrückt, nur den Zauber sehen, welchen die Ferne dem Anblick leiht, – oft denk' ich dann, welche Wonne es dereinst seyn werde, uns diese Stunden zurückzurufen. Würdest Du mich je weniger lieben, so brauchte ich Dir blos zuzuflüstern: ‚der Rhein!' Werden dann nicht alle Empfindungen zurückkehren, die Du jetzt für mich hast?'

‚Ach, es wird nie eine Veranlassung geben, meine Liebe für Dich zurückzurufen; sie kann nie abnehmen.'

‚Was für ein wunderbares Ding ist das Leben!' rief Gertrud; ‚wie unzusammenhängend, wie flüchtig scheinen alle einzelnen Theile desselben. Steht diese süße Ruhe von den Mühen, von den gewöhnlichen Sorgen des Daseyns in irgend einer Gemeinschaft mit Deiner bisherigen – Deiner künftigen Laufbahn? Du wirst in die große Welt treten; in wenigen Jahren werden Dir dergleichen Augenblicke der Muße und des stillen Sinnens versagt seyn; das handelnde Leben, das Du liebst und suchst, ist ein eifersüchtiger Wirkungskreis; es gestattet keine Abschweifungen, keine Rast. Solche Momente werden Dir dann nur wie jene Inseln, jene glänzenden Nägel auf dem Band des Rheins, erscheinen: – der Strom zögert einen Augenblick vor ihnen und eilt dann in seiner raschen Bahn dahin; sie bringen Abwechselung, aber nicht Unterbrechung in den Lauf der Fluthen.'

‚Du bist schwärmerisch, meine Gertrud, aber Dein Gleichniß könnte wahrer seyn! Vergleiche diese Ufer lieber unserem Leben, und den

8 Aloys Henninger: Das Herzogthum Nassau in malerischen Original-Ansichten (...). Darmstadt 1862, S. 449.

Strom dem einzigen Gedanken, der ewig zwischen Beiden hinfließt, beide mit unsterblicher Frische segnend.'

Gertrud lächelte, und als Trevylyans Arm sie sofort umschlang, neigte sie das schöne Antlitz an seine Brust und er bedeckte es mit Küssen; ihr aber wars in diesem Moment als hätte, selbst wenn der Tod über sie hingegangen wäre, diese Umarmung sie wieder ins Leben zurückrufen müssen. Die Reise nach Mainz setzten sie theils zu Land, theils auf dem Fluß fort. Als sie eines Tags auf der Rückkehr von den rebenbekränzten Hügeln des Johannisbergs, des Beherrschers des ganzen Rheingaus, des schönsten Thals der Welt, zu Wasser nach dem Städtchen Ellfeld fuhren, bemerkte Gertrud:

,Dein Lieblingsdichter hat einen von Dir oft wiederholten Gedanken, den ich gleichwohl nicht für richtig halten kann:

,In der Natur liegt keine Trauer'."[9]

Es ließe sich entlang der paradiesischen Vorstellungen vom Rheingau eine Archäologie der Wünsche und Projektionen erarbeiten. In den 20er und 30er Jahren des 19. Jahrhunderts entwickelte sich die Rheinlandschaft zu einer Pionierregion des Tourismus. Besonders den sprichwörtlichen „reisenden Engländern" hatte es die als zugleich sehr wild und abgründig, aber auch lieblich und entzückend geltende Landschaft angetan. Hinzu kamen die schauerromantischen Fantasien, die von den zerfallenen Burgen und den Rittersagen herrührten. Dieser Rhein mit den Knotenpunkten Binger Loch und Mäuseturm lieferte eine wunderbare Gegenkulisse zur fortgeschrittenen Industrialisierung in England. Zumal man sich beim Bereisen dieser schaurig schönen Gegend der seit 1827 zwischen Köln und Mainz regelmäßig verkehrenden Dampfschiffe bedienen konnte. Ab 1859 kam dann eine durchgehende Bahnlinie hinzu.

Die kleine Inspektion von literarischen Rheingau-Paradiesen hat eine interessante Mixtur aus Wunschländern, Reisebildern, Liebhabereien und Formen von Besessenheit gezeigt. Jedenfalls scheint es ein durch die Jahrhunderte laufender Topos zu sein, die Schönheit und Besonderheit des Rheingaus ins Paradiesische zu steigern. Um zu solchen Steigerungen zu gelangen, muss auf Erden immer auch etwas übersehen werden. Die Geschichte der diversen irdischen Paradiese ist stets auch eine Geschichte von partieller Blindheit. Die paradiesische Kulturlandschaft Rheingau zu loben und zu preisen bedeutet

9 Edward Bulwer-Lytton: Die Pilger des Rheins. Stuttgart 1861, S. 212 f.

nicht, die leidigen, hässlichen Monumente der Zivilisation zu übersehen. Vielleicht wird der Kampf gegen den dröhnenden Güterverkehr und die himmelhohen Windmaschinen nirgends leidenschaftlicher geführt als im Rheingau. An den Wochenenden verwandelt sich die Bundesstraße in eine 20 Kilometer lange, stinkende Schlange und der Rheingau zu einer der am dichtesten bevölkerten Gegenden der Welt. So war es, und so ist es immer noch. Paradiese liebt, besucht, beschreibt man, weil man ihr Gegenteil – es muss nicht gleich die Hölle sein – allzu gut kennt und sie nur ertragen kann, weil es Paradiese gibt. Der Rheingau ist nicht nur ein irdisches Paradies, er weiß es auch und er feiert sich. Die schönste und am besten klingende Feier ist das Rheingau Musik Festival. Das kennt niemand besser als Michael Herrmann, sein Erfinder und Intendant.

Goethe im Rheingau

Goethe reiste zweimal in den Rheingau. Beide Reisen sind derart opulent in die literarische Erinnerungskultur eingegangen, dass ihre Souvenirs mit Texten, Bildern und Deutungen den Blick auf den reisenden Dichter verdüstert haben. Das liegt aber auch an diesem speziellen Reise-Giganten. Nach Italien war er Hals über Kopf geflohen. Mit dem Pseudonym Johann Philipp Möller hatte er sich davor geschützt, als europäischer Literatur-Star verehrt und bedrängt zu werden. Die beiden Reisen in die Kur nach Wiesbaden waren öffentliche Veranstaltungen. Sorgsam mit Hilfe von Ratgebern geplant, stets in Briefen oder Kurznachrichten beschrieben, überall angekündigt und kommentiert.

Noch dazu gipfelte die erste Reise im Sommer und Herbst 1814 nicht ohne Goethes Wohlgefallen in einem üppigen Parcours von Feierlichkeiten aus Anlass seines 65. Geburtstages am 28. August. Die Stadt und der Hof des Herzogs von Nassau eigneten sich hervorragend für die Geburtstagsfeiern, zumal eines der am meisten geschätzten Geschenke einen sehr kurzen Weg zu nehmen hatte: Es kam in Form einer Kiste wunderbaren Rheingauer Weins vom Landgut von Antonie und Franz Brentano in Winkel.

Detail des Biebricher Schlosses

Die beiden Rheingaureisen waren mit Zwecken, Zielen, biographischen und historischen Konstellationen überladen. Goethe war ein multipler Reisender, der, wo er fuhr, rastete, aß (und trank), übernachtete, redete, schrieb, beriet oder sammelte, als eine Art mobiles Kraftwerk wirkte. Und wenn er in der Kutsche einfach nur saß und scheinbar dösend zum Fenster hinausschaute, konnte es sein, dass er gerade Weltliteratur dichtete. Das galt ganz besonders für den ersten Aufenthalt im Rheingau, bei dem er, zutiefst beeindruckt vom persischen Dichter Hafis, ständig am Divan arbeitete. Um Goethes Exkursionen in den Rheingau beschreiben zu können, seine dort verfassten Texte „angemessen" lesen, seine Wahrnehmungen und Urteile verstehen zu können, sollte man sich von bestimmten Vorstellungen des Reisens in der „Kutschenzeit" verabschieden. Von Ruhe und Gemächlichkeit, beschaulichem Dahingleiten, stillem Genuss oder ungestörter Konzentration. Besonders, wenn es sich bei dem Reisenden um Goethe handelt. Es ist kein Zufall, dass Antonie Brentano, Goethes Gastgeberin während seiner Tage im Winkeler Landgut, später schrieb, er habe sich dort während einiger Wochen aufgehalten. Dass oft zu lesen ist, der Dichter habe Winkel mehrmals besucht und dort die halbe Welt getroffen.

Goethes Tage vom 1. bis zum 8. September 1814 in Winkel wurden gedehnt und gestreckt, weil sie einer anderen Chronologie gehorcht zu haben scheinen. Einer Zeitrechnung, in der jeder Augenblick mit der Bedeutungsfülle von Goethes Worten und Taten ins Unermessliche multipliziert wurde und wird. Schönster Beleg dafür sind seine beiden gleichsam eingefrorenen Besuchszimmer im Landgut. Bis heute wurde an seinem siebentägigen Arbeitszimmer und an der in Schweinfurter Grün gehaltenen Schlafkammer nur das Allernötigste geändert. Dies wird hier angemerkt, weil ein Besuch im Rheingau „auf Goethes Spuren“ sich nicht auf Bewunderung, Staunen und Überrumpelung beschränken muss.

Goethe über den Rheingau lesen wird hier zugespitzt auf die Empfehlung, Goethe *im* Rheingau zu lesen. Das liegt nahe; denn diese herausragende Kulturlandschaft ist gut erhalten. Vieles hat sich seit 1814, 1815 wenig verändert, manches – wie der Tourismus, der Güterverkehr oder die Bundesstraße – sehr. Liest man Goethe über Schloss Vollrads an Ort und Stelle, wächst das Lektürevergnügen um eine Fülle von Fragen, die sich mühelos einstellen. Was hat sich an der Schlossanlage verändert, was ist gleich oder ähnlich geblieben? Was hat Goethe interessiert, was hat er gesehen, beurteilt oder übersehen? Wie, mit welchen Hilfsmitteln ist er der Landschaft zu Leibe gerückt? Was fand er schön, was hässlich? Wen hat er beschrieben? Wie hat er sich selbst in seinen Texten reflektiert, dargestellt? Man könnte ein solches Verfahren „literaturgeographisch“ nennen. Auf einer ersten Ebene werden die Bezeichnungen realer Räume, Wege, Aussichtspunkte literarisiert. Der *Goetheweg* verbindet Schloss Vollrads mit Schloss Johannisberg, die Lage *Winkeler Hasensprung* liefert den *Goethewein*, sie wird vielleicht zur *Goethelage*. Ein *Goetheblick* lässt auf der anderen Rheinseite die St. Rochus-Kapelle erkennen und schließlich wird eine im Text *Im Rheingau Herbsttage* eindeutig beschriebene Wiese gewiss bald zur *Goethewiese*. Es wäre reizvoll, das *Literaturland Hessen* nach solchen Benennungen zu kartieren. Dann würde ein Netz aus Goethealleen, Schillerstraßen, Geibelgassen, Büchnerplätzen oder Grimms Märchenpfaden sichtbar. Das *Brentanohaus* in Winkel ist ein mehrfach konnotierter literaturgeographischer Ort. Goethe war der prominenteste Besucher in diesem Zentrum romantischer Geselligkeit. Neben Bettine, Clemens und Franz Brentano als Hausherr stellten sich dort in den Sommermonaten manch andere Autorinnen und Autoren der Romantik ein. So entstand in 200 Jahren ein literarischer Gedächtnisort, der im Begriff ist, zu einem der schönsten und wichtigsten Aussichtspunkte in die Literaturlandschaft der Goethezeit zu werden. Und zu einem außerordentlich angenehmen Leseort.

Räume, Orte, Landschaften wandern in die Literatur ein und führen dort ein Leben nach literarischen Regeln. Die so entstehenden literarischen Räume und Landschaften können aber auf ihre geographischen Referenzen zurückwirken. Texte beeinflussen die Wahrnehmung, veranlassen Literaturtouristen, die Schauplätze von Dramen, Krimis, Gedichten zu besuchen. Sie korrespondieren miteinander und verändern die Ansichten ihrer realen Entsprechungen. Goethes Rheingau unterscheidet sich erheblich von Clemens oder Bettine Brentanos Rheingau. Die Lektüren sorgen dafür, dass die „reale Landschaft" in ihren unterschiedlichen Beschreibungen flimmert. Ein verwirrendes Lesevergnügen, das sehr zu empfehlen ist.

Es kann nicht das Ziel dieses Kapitels sein, den „multiplen Reisenden" Goethe zu entwirren und auf engstem Raum ein Stenogramm seiner komplexen Interessen, Beziehungen und Ansichten zu liefern. Wir beschränken uns auf die beiden Texte *Im Rheingau Herbsttage* und *Sankt-Rochus-Fest zu Bingen.* Dabei allerdings liefern wir Stichproben mit Blicken in viele Richtungen des Goethe-Kosmos. Eine besonders naheliegende Richtung markiert der Wein im Rheingau, in dem sich viele von Goethes Interessen, Vorlieben und Fähigkeiten treffen. Unter den Rheingauer Weinen sticht der „Eilfer" besonders hervor, der *Winkeler Hasensprung* des unglaublichen Jahrgangs 1811. Nebenher ergeben sich einige Fixpunkte einer Literaturgeographie des Rheingaus, der sich mit seinen Weinen, seinem besonderen Mikroklima, seinen Baudenkmalen, ganz besonders aber seinen Literaturschätzen zu einer herausragenden europäischen Kulturregion entwickelt hat.

Goethe reist in den Rheingau

Schlosshof und Hauptbau von Schloss Vollrads

Goethe pflegte in die böhmischen Bäder zu reisen. Vor allem in Karlsbad hatte er bei seinen 16 Trink- und Badekuren in Böhmen Linderung erfahren. Gegen seine recht unangenehmen und schmerzhaften Verdauungsprobleme halfen die böhmischen Glaubersalzquellen am besten. 1814 aber wollte er seine Baderoutine unterbrechen. Zuerst ging es auf Anraten seines Dieners und Sekretärs Ludwig Geist zu einer „Arbeits-Kur" ins nur eine Kutschenstunde von Weimar entfernte Berka. Hier arbeitete er an einer neuen großen Ausgabe seines Gesamtwerkes für den vertrauten Verleger Johann Friedrich Cotta. Als Auftragsarbeit anlässlich der Rückkehr des preußischen Königs nach Berlin schrieb er das Friedensfestspiel *Des Epimenides Erwachen.* Die Kur in Berka vom 13. Mai bis zum 28. Juni konnte kaum etwas daran ändern, dass Goethe sich „kränklich und niedergeschlagen"[10] fühlte.

10 Albert Schaefer: Goethe in Wiesbaden und am Rhein 1814 und 1815. Wiesbaden 1973, S. 11.

Goethe suchte einen neuen Süden, einen Abglanz der Italienreise von 1786. Vielmehr ließ er suchen. Seinem Freund Fritz Schlosser in Frankfurt am Main schrieb er am 8. Mai 1814: „Ich habe in diesem Sommer keine sonderliche Neigung, die böhmischen Wälder zu besuchen; wohin ich mich jedoch wenden soll, ist mir noch nicht ganz klar; möchten Sie mir aber eine Schilderung von Wiesbaden geben, und von der Lebensart daselbst, nicht weniger, was etwa eine Person mit einem Bedienten auf einen vier- oder sechswöchentlichen Aufenthalt zu verwenden hätte"[11]. Mit den erbetenen Auskünften war Goethe sehr zufrieden. Wiesbaden, der Rhein und Frankfurt zogen gewaltig. Sohn August war gerade von einer Reise in seine Frankfurter Vergangenheit zurückgekehrt und erinnerte den Vater nachdrücklich an die Schönheiten der Heimatregion. Auch seine Frau Christiane empfahl Wiesbaden. Freundlich, aber bestimmt war auch das Drängen von Sulpiz Boisserée in Heidelberg, der sich von Goethe wünschte, er möge als Schutzherr für seine Sammlung und Bewahrung rheinischer Kunst wirken.

Johann Wolfgang von Goethe (1749 – 1832), nach einer Kreidezeichnung von Johann Heinrich Lips, 1791

Goethe hatte den Rhein zuletzt vor 23 Jahren gesehen, in Frankfurt war er seit 17 Jahren nicht mehr gewesen. Zur eigenen Malaise kam die hochdramatische politische Lage hinzu. Die napoleonischen Kriege waren beendet, der Friede aber noch brüchig. Fast zehn Jahre lang hatten Napoleons Armeen Europa durcheinandergerüttelt. Der Krieg hatte mancherorts grausige Schäden hinterlassen. Nun fällt Goethes Reise in die Kur mit verwirrenden politischen Verwerfungen zusammen. Am 4. Mai 1814 erst hatten die Franzosen Mainz verlassen. Jetzt wurde die Stadt mit dem linken Rheinufer in ein Teil Deutschlands zurückverwandelt. Friedensjubel vermischte sich mit unübersichtlichen neuen Verhältnissen. Dies alles grundiert Goethes im Rheingau geschriebene bzw. entworfene Texte. Am 30. Mai wurde in Paris Friede geschlossen, am 25. Juli verließ Goethe Weimar, am 28. Juli erreichte er Frankfurt, am Tag darauf kam er um elf Uhr nachts in Wiesbaden an. Goethe fuhr in seinem eigenen Reisewagen in Begleitung seines Dieners Carl Wilhelm Stadelmann und des Kutschers Barth. Der Wagen war reich beladen mit Büchern, Kleidung, darunter der Staatsrock und die Orden und die wissenschaftlichen Gerätschaften, um Steine und Pflanzen zu bestimmen und sie für die Weimarer Sammlung zu präparieren. Sein wichtigstes Gepäck aber war der *Diwan*, eine ins Deut-

11 Goethe an Fritz Schlosser am 8. Mai 1814. In: Goethes Sämtliche Werke (Propyläen-Ausgabe). Bd. 27. München 1914, S. 225.

sche übersetzte Sammlung von Gedichten des persischen Dichters und Mystikers Hafis aus dem 14. Jahrhundert. Die reich kommentierte und kenntnisreich eingeleitete deutsche Ausgabe von 1813 stammte von dem österreichischen Diplomaten und Übersetzer *(Tausendundeine Nacht)* Joseph von Hammer-Purgstall. Das Buch hatte Goethe am 7. Juni 1814 in der Bibliothek der Herzogin Anna Amalia in Weimar gefunden. Der *Diwan* muss Goethe wie ein Blitz getroffen haben. Er glaubt sich von Hafis erkannt und begrüßt ihn emphatisch als Bruder im Denken und Dichten. Mehr noch, er erkannte die eigenen dramatischen Zeitumstände in der Situation von Hafis wieder, die Hammer-Purgstall in seiner Einleitung schildert: „Dynastien, die sich haßten und bekämpften, eine auf den Trümmern der andern sich erhoben, und dann wieder übereinander stürzten, unterhielten immerfort den Brand des Krieges, bis daß durch Timurs alles verheerenden Eroberungsbrand ganz Asien aufflammte, eine weite schreckliche Feuersbrunst."[12] Goethe hält in höchsten Tönen seine poetische Verbrüderung mit Hafis fest:

„Und mag die ganze Welt versinken,
Hafis, mit Dir, mit Dir allein
Will ich wetteifern! Lust und Pein
Sei uns, den Zwillingen, gemein!
Wie du zu lieben und zu trinken,
Das soll mein Stolz, mein Leben sein."[13]

Der Wiesbadener Kurgast kommt aus dem ruhigeren Weimar in eine aufgewühlte Umgebung voll rauchender Trümmer. Neben der gewissenhaft absolvierten Kur – „Das Schwalbacher Wasser, zusammen mit dem hiesigen Bade bekommt mir sehr wohl"[14] – empfängt Goethe Freunde und Bewunderer, schreibt und redigiert, sammelt Mineralien und Pflanzen, skizziert nach der Natur und befasst sich mit Projekten zur Neuordnung der kulturellen Verhältnisse im nachnapoleonischen Deutschland. Auf der Hinterbühne seiner weitgestreuten Aktivitäten aber agiert als Leitstern Hafis. Fast scheint es, als habe er sich durch

12 Zit. n. Albert Schaefer, a.a.O., S. 14 f.

13 Unbegrenzt. In: Johann Wolfgang von Goethe: Werke. Hamburger Ausgabe in 14 Bänden. Band 2: Gedichte und Epen II. Hg. von Erich Trunz. West-Östlicher Divan. München 2000, S. 23.

14 Goethes Leben von Tag zu Tag. Eine dokumentarische Chronik von Robert Steiger und Angelika Reimann. Band VI: 1814–1820. Zürich 1996, S. 98.

die ungemein produktive Hafis-Aneignung immunisiert gegen die Geschäfte der Kur und die Pflichten, denen er sich unterwirft. Dazu gehört auch seine staatsmännische Repräsentation. Immer vertritt er ja auch den Weimarer Hof und den kulturellen Kosmos der Stadt, wenn er etwa junge Mädchen auf stimmliche Qualitäten überprüft; sie könnten für sein Theater in Weimar geeignet sein. Das alles hindert ihn nicht daran, die Grundsteine für einen der bedeutendsten Gedichtzyklen der deutschen Literatur zu setzen, für den grandiosen *West-östlichen Divan*. Ohne in Goethes Arbeitsökonomie anmaßend herumzutappen, darf behauptet werden, dass seine beiden Kuraufenthalte in Wiesbaden mit den intensiven Besuchen im Rheingau durch Hafis und die Gedichte für den *Divan* gleichsam getragen wurden. Das erweist sich schon daraus, dass er Gedichte für den Divan verfasste, für deren Entstehung in seinen Tages- und Nachtzeiten eigentlich keine Sekunde vorgesehen war. Mitte Mai, Anfang Juni 1814 begann er mit einzelnen „Gedichten an Hafis“[15]. Er nimmt das Projekt dann mit auf seine Reise in die Kur. „Fulda 8 Uhr“ steht unter dem sechsstrophigen Gedicht, das später unter den 100 Gedichten des „Wiesbadener Registers“ mit dem Titel *Des deutschen Divans manigfaltige Glieder* als Nr. 82 den Titel *Mystische Zunge* trägt.[16] „Fulda 8 Uhr“ war am 26. Juli 1814, also am zweiten Tag der Reise in die Kur nach Wiesbaden und in den Rheingau. Am ersten Reisetag hatte er das Gedicht *Phänomen* geschrieben. Darin die prophetisch anmutende dritte Strophe:

„So sollst du, muntrer Greis,
Dich nicht betrüben:
Sind gleich die Haare weiß
Doch wirst du lieben.“[17]

Sollte er hier schon an Marianne von Willemer gedacht haben? Wohl kaum; denn zu diesem Zeitpunkt kannte er sie noch nicht. Eher dürfte er sich durch seine enge Beziehung zu Hafis und vielleicht die politischen Wechseljahre nach dem Frieden mit Frankreich gestärkt und verjüngt gefühlt haben. Am 25. Juli schrieb er auch die Gedichte *Was*

15 Goethe: West-östlicher Divan. Eigenhändige Niederschriften. Hg. und erläutert von Katharina Mommsen. Zweiter Band. Frankfurt am Main und Leipzig 1996, S. XIX.

16 Zur Ordnung und Entstehung des West-östlichen Divans vgl. Katharina Mommsen, a.a.O., S. XIX-XXI.

17 West-östlicher Divan (Hamburger Ausgabe), a.a.O., S. 13.

doch buntes dort verbindet sowie *Sollt einmal durch Erfurt fahren*. Der 26. Juli endete in Fulda. Dort und auf dem Weg dorthin von Eisenach über Hünfeld muss ein wahrer poetischer Wunderregen niedergegangen sein. Außer dem Gedicht *Mystische Zunge* entstanden an diesem Tag noch die Gedichte *Wenn links an Baches Rand Cupido flötet, Übermacht, Ihr könnt es spüren, Wenn du auf dem guten ruhst* und *Buchstabe Nun. XXV Gasele*. Vorsichtshalber hatte Goethe in einem weiteren Gedicht vom 26. Juli mit dem Titel *Derb und Tüchtig* seine produktiven Kräfte erklärt:

„Dichten ist ein Übermut,
Niemand schelte mich!
Habt getrost ein warmes Blut
Froh und frei wie ich.“[18]

Wie wichtig Goethe diese Gedichte waren, zeigt sich auch an der kalligrafischen Sorgfalt, mit der er sie niederschrieb. So hatte er sich auf dem Weg in die Wiesbadener Kur einen ordentlichen poetischen Vorrat verschafft, der ihm dabei half, die Anstrengungen der nächsten Monate zu bewältigen.

Durch den Rheingau nach Rüdesheim und über den Fluss zur Sankt-Rochus-Kapelle

Eine poetische Brücke von Goethes Gedichten für den *West-östlichen Divan* zu seinen Texten über den Rheingau bildet der Wein. Hinter dem oben erwähnten rätselhaften Gedichttitel *Buchstabe Nun. XXV Gasele*[19] verbirgt sich eine Art Schlüsseltext über den Weingenuss. Es findet sich im *Schenkenbuch* des *West-östlichen Divan* und wurde wie gesagt an jenem 26. Juli auf dem Weg nach Wiesbaden geschrieben. Man kann es als Vorgeschmack auf von Goethe professionell erwartete Genüsse Rheingauer Weins lesen. Den schätzte er außerordentlich, und er kannte sich gut mit ihm aus. Nun ruft er Hafis zum Lehrmeister in Sachen Wein und maßvolle Trunkenheit an. So wird der persische Dichter zu einer Brückenfigur auf dem Weg in den Rheingau.

18 West-östlicher Divan (Hamburger Ausgabe), a.a.O., S. 16.

19 „Eine Beziehung zwischen dem Gedicht und der im Titel angegebenen Gasele von Hafis vermochte kein Kommentator festzustellen.“ Katharina Mommsen, a.a.O., S. 255.

„Solang man nüchtern ist,
Gefällt das Schlechte;
Wie man getrunken hat,
weiß man das Rechte;
Nur ist das Übermaß
Auch gleich zuhanden;
Hafis, o lehre mich,
wie du's verstanden!
Denn meine Meinung ist
Nicht übertrieben:
Wenn man nicht trinken kann,
Soll man nicht lieben;
Doch sollt ihr Trinker euch
Nicht besser dünken,
Wenn man nicht lieben kann,
Soll man nicht trinken."[20]

Goethe hatte sich ins Wiesbadener Kurleben ausweislich seines Tagebuchs und der Briefe an seine Frau Christiane mit Freude geschickt, kann gar nicht genug vom Schwalbacher Wasser trinken und findet neben allen Geschäften immer wieder Zeit, die Rheinlandschaft zu genießen. Am 7. August schreibt er an seine Frau: „Der Geburtstag des Königs (von Preußen, d. A.) ward sehr anständig gefeyert. Früh Militärischer Gottesdienst unter freyem Himmel, auf einer Aue nach dem Rhein. (...) Der Anblick des Rheins und der Gegend umher ist freylich etwas einzig Schönes. Man würde die Bewohner dieses Bezirks beneiden, wenn sie nicht so unendlich ausgestanden hätten."[21]

Am 4. August taucht in Goethes Tagebuch in den vermischten Nachrichten vom Tage Marianne Jung auf: „Um 8 Uhr von Mainz ab [wohin er mit Zelter am Vortag gefahren war, d. A.]. Bewegter Rhein. Wiesbaden. Geheimrat Willemer. Demoiselle Jung. Gebadet. (...) Willemer an Table d'Hote. Bey Bergrat Cramer. Eisenstufen der Nassauischen Werke."[22] „Zelter ist brav wie immer und vermittelt mich der Gesellschaft"[23] schreibt er am 7. August an Christiane in Weimar. Und so teilt er sich auf. Turbulentes Kurleben, Ausflüge, Besuche, zum Bei-

20 West-östlicher Divan (Hamburger Ausgabe), a.a.O., S. 90.

21 Zit. n. Goethes Leben von Tag zu Tag, a.a.O., S. 100.

22 Ebenda

23 Goethes Leben von Tag zu Tag, a.a.O., S. 101.

spiel immer wieder im Mineralienkabinett von Oberbergrat Ludwig Wilhelm Cramer, standesgemäßer Umgang mit der Umgebung des Herzogs von Nassau und vielen hochstehenden Kurgästen auf der einen Seite. Auf der anderen ist er wie selten auf der Höhe seiner poetischen Produktivität. Dazu gehört, dass er bei allen Kriegsschäden und der gespannten Lage in Europa, als trüge er eine spezielle Wünschelrute bei sich, der Spur des Weins folgt und sich an den Schönheiten des Rheingaus nicht sattsehen kann. Und es gehört dazu, dass er sich auf die „kleinen Leute" im Rheingau einlassen kann. Von all dem zeugt nichts schöner als Goethes Schrift *Sankt-Rochus-Fest zu Bingen*. Diese knapp 30 Seiten, die in einer Art poetischem Reportagestil geschrieben sind, eignen sich vorzüglich als Wegbegleiter zu einem Ausflug von Wiesbaden über Eltville am Rhein entlang nach Rüdesheim und mit der Fähre nach Bingen, um zur Sankt-Rochus-Kapelle zu gelangen.

Am 15. August 1814 heißt es in Goethes Tagebuch: „Gebadet. Einfall, nach Rüdesheim zu gehen. Anstalten dazu. Mit Zelter zu Hause

Absender

Name, Vorname

Straße, Nr.

Plz, Ort

Telefonnummer *

Faxnummer *

E-Mail *

Unterschrift

* freiwillige Angabe

Für Ihre schnelle Anfrage:
info@verlagshausroemerweg.de

Bitte
ausreichend
frankieren

Rückantwort

Verlagshaus Römerweg GmbH
Römerweg 10
D-65187 Wiesbaden

gespeist. Mit ihm und Cramer nach Tische abgefahren. Herrlich Wetter und Weg"[24] In einem Brief an Christiane schreibt er vom „übermäßig schönen Rheingau".

Der Text beginnt mit einem enthusiastischen Vorspruch, der später die erste Strophe der Gedichtgruppe *Rhein und Main* bilden sollte.

„Am 16. August 1814
Zu des Rheins gestreckten Hügeln,
Hochgesegneten Gebreiten,
Auen, die den Fluß bespiegeln,
Weingeschmückten Landesweiten
Möget, mit Gedankenflügeln,
Ihr den treuen Freund begleiten."

Dann macht sich die kleine Reisegruppe auf den Weg:

„Vertraute gesellige Freunde, welche schon wochenlang in Wiesbaden der heilsamen Kur genossen, empfanden eines Tages eine gewisse Unruhe, die sie durch Ausführung längst gehegter Vorsätze zu beschwichtigen suchten. Mittag war schon vorbei und doch ein Wagen augenblicklich bestellt, um den Weg ins angenehme Rheingau zu suchen. Auf der Höhe über Bieberich erschaute man das weite prächtige Flußtal mit allen Ansiedlungen innerhalb der fruchtbarsten Gauen. Doch war der Anblick nicht vollkommen so schön, als man ihn am frühen Morgen schon öfters genossen, wenn die aufgehende Sonne soviel weiß angestrichene Haupt- und Giebelseiten unzähliger Gebäude, größerer und kleinerer, am Flusse und auf den Höhen beleuchtete. In der weitesten Ferne glänzte dann vor allen das Kloster Johannisberg, einzelne Lichtpunkte lagen dies- und jenseits des Flusses ausgesät.

Damit wir aber sogleich erführen, daß wir uns in ein frommes Land bewegten, begegnete uns vor Mosbach ein italienischer Gipsgießer, auf dem Haupte sein wohlbeladenes Brett gar kühnlich im Gleichgewichte schwenkend. Die darauf schwebenden Figuren aber waren nicht etwa, wie man sie nordwärts antrifft, farblose Götter- und Heldenbilder, sondern, der frohen und heitern Gegend gemäß, bunt angemalte Heilige. Die Mutter Gottes thronte über allen; aus den vierzehn Nothelfern

24 Goethes Leben von Tag zu Tag, a.a.O., S. 104.

waren die vorzüglichsten auserlesen; der heilige Rochus in schwarzer Pilgerkleidung stand voran, neben ihm sein brottragendes Hündlein. Nun fuhren wir bis Schierstein durch breite Kornfelder, hie und da mit Nußbäumen geschmückt. Dann erstreckt sich das fruchtbare Land links an den Rhein, rechts an die Hügel, die sich nach und nach dem Wege näher ziehen. Schön und gefährlich erscheint die Lage von Walluf unter einem Rheinbusen wie auf einer Landzunge. Durch reich befruchtete, sorgfältig unterstützte Obstbäume hindurch sah man Schiffe segeln, lustig, doppelt begünstigt, stromabwärts. (...)

In dem Städtchen Walluf tiefer Friede, nur die Einquartierungskreide an den Haustüren noch nicht ausgelöscht. Weiterhin erscheint Weinbau zu beiden Seiten. Selbst auf flachem, wenig abhängigem Boden wechseln Rebstücke und Kornfelder, entferntere Hügel rechts ganz bedeckt von Rebgeländern. Und so, in freier umhügelter, zuletzt nordwärts von Bergen umkränzter Fläche liegt Elfeld [Eltville, d. A.], gleichfalls nah am Rheine, gegenüber einer großen bebauten Aue. Die Türme einer alten Burg sowie der Kirche deuten schon auf eine größere Landstadt, die sich auch inwendig durch ältere, architektonisch verzierte Häuser und sonst auszeichnet. (...)

Durch Hattenheim steigt die Straße; auf der hinter dem Ort erreichten Höhe ist der Lehmboden weniger kiesig. Von beiden Seiten Weinbau, links mit Mauern eingefaßt, rechts abgeböscht. Reichardtshausen, ehemaliges Klostergut, jetzt der Herzogin von Nassau gehörig. Die letzte Mauerecke durchbrochen, zeigt einen anmutig beschatteten Akaziensitz.

Reiche, sanfte Fläche auf der fortlaufenden Höhe, dann aber zieht sich die Straße wieder an den Fluß, der bisher tief und entfernt gelegen. Östreich [Oestrich, d. A.], in einiger Entfernung vom Wasser auf ansteigendem Boden, liegt sehr anmutig: denn hinter dem Orte ziehen sich die Weinhügel bis an den Fluß, und so fort bis Mittelheim, wo sich der Rhein in herrlicher Breite zeigt. Langenwinkel folgt unmittelbar; den Beinamen des Langen verdient es, Winkelhaftes läßt sich dagegen nichts bemerken.

Vor Geisenheim erstreckt sich ein flaches, niederes Erdreich bis an den Strom, der es wohl noch jetzt bei hohem Wasser überschwemmt. (...)

Wie man sich Rüdesheim nähert, wird die niedere Fläche links immer auffallender, und man faßt den Begriff, daß in der Urzeit, als das Gebirge bei Bingen noch verschlossen gewesen, das hier aufgehaltene, zurückgestauchte Wasser diese Niederung ausgeglichen,

Die Basilika
Schloss Johannisberg

und endlich, nach und nach ablaufend und fortströmend, das jetzige Rheinbett daneben gebildet habe.

Und so gelangten wir in weniger als viertehalb Stunden nach Rüdesheim, wo uns der Gasthof zur Krone, ohnfern des Tores anmutig gelegen, sogleich anlockte. (...)

Von Bingen heraufwärts erstreckt sich, nahe am Strom, ein Hügel gegen das obere flache Land. Er läßt sich als Vorgebirg in den alten höheren Wassern denken. An seinem östlichen Ende sieht man eine Kapelle, dem heiligen Rochus gewidmet, welche soeben vom Kriegsverderben wieder hergestellt wird. An einer Seite stehen noch die Rüststangen; dem ohngeachtet aber soll morgen das Fest gefeiert werden. Man glaubte, wir seien deshalb hergekommen, und verspricht uns viel Freude. Und so vernahmen wir denn: Daß während den Kriegszeiten, zu großer Betrübnis der Gegend, dieses Gotteshaus entweiht und verwüstet worden. Zwar nicht gerade aus Willkür und Mutwillen, sondern weil hier ein vorteilhafter Posten die ganze Gegend überschaute und einen Teil derselben beherrschte. Und so war das Gebäude denn aller gottesdienstlichen Erfordernisse, ja aller Zierden beraubt, durch Biwaks angeschmaucht und verunreinigt, ja durch Pferdestallung geschändet."[25]

Man übernachtet wie viele andere Teilnehmer der Wallfahrt in der Rüdesheimer „Krone". Goethe schildert die freudige Unruhe der vielen Wallfahrer, die den morgigen Tag kaum erwarten können. 24 Jahre lang wurde das Rochus-Fest nicht gefeiert, durfte es nicht gefeiert werden. Nun sollen sich mehrere Festgründe in der Wiedereröffnung der schlecht und recht hergerichteten Rochus-Kapelle vereinen. Das linke Rheinufer gehört nicht mehr zu Frankreich, der Heilige Rochus steht wieder zur Verfügung, vor allem aber herrscht Friede, besteht Grund zu der Hoffnung, dass der Friede stabil bleibt.

Goethe ist nicht als plakativer Freund des Katholizismus bekannt. Die ihm hier begegnende Volksfrömmigkeit nimmt er aber mit großem Ernst und mit geschultem Interesse an den Ausdrucksformen dieser Frömmigkeit zur Kenntnis. Der Text hält beeindruckend die Balance zwischen Goethes mineralogischen und erdgeschichtlichen Forschungen, dem Mitgefühl für die an den Kriegsfolgen leidende Rheingauer Bevölkerung und der neuen Ruhe und dem Frieden in einer von ihm wieder und wieder gepriesenen Landschaft. Den heiligen Rochus sieht er auf einleuchtende Weise aktualisiert und aufgeladen mit neuen Hoffnungen der Gläubigen: „Bei allem diesen konnte es denn nicht fehlen, daß man den heiligen Rochus als einen würdigen Gegenstand der Verehrung betrachtete, da er, durch das gefesselte Zutrauen, diesen Hader und Kriegsposten augenblicklich wieder zum Frieden- und Versöhnungsposten umgeschaffen."[26]

Am Vorabend des Sankt-Rochus-Festes, am 15. August 1814 überkommt Goethe ein dringendes Wein-Bedürfnis. Im „Adler" wird vom „Eilfer" getrunken, der „zugleich köstliche und reichliche" Wein des berühmten Jahrgangs 1811. Da er hier in der weinseligen Atmosphäre in Rüdesheim von Goethe hervorgehoben wird, als sei einzig der „Eilfer", den er klar zu seinen Favoriten zählt, in der Lage, das kommende Volksfest recht zu würdigen, soll sein *Lied vom Eilfer* (in der Zweitfassung) hier folgen.

---

25 Sankt-Rochus-Fest zu Bingen. In: Johann Wolfgang von Goethe: Werke (Hamburger Ausgabe). Band 10: Autobiographische Schriften II. Bearb. von Lieselotte Blumenthal, Waltraud Loos und Erich Trunz. München 2000, S. 401-405.

26 Ebenda, S. 407.

„Wo man mir guts erzeigt überall
S'ist eine Flasche Eilfer
Am Rhein und Main, im Neckerthal,
Man bringt mir lächelnd Eilfer.
Und nennt gar manchen braven Mann
Viel seltner als den Eilfer
Hat er der Menschheit wohlgetan
Ist immer noch kein Eilfer.
Die guten Fürsten nennt man so,
beynahe wie den Eilfer
Uns machen ihre Thaten froh
Sie leben hoch im Eilfer
Und manchen Nahmen nenn ich leis
Still schöppelnd meinen Eilfer
Sie weiss es wenn es niemand weis
Da schmeckt mir erst der Eilfer
Von meinen Liedern sprechen sie
Fast rühmlich wie vom Eilfer
Und Blum und Zweige brechen sie
Mich kränzend und den Eilfer
Das alles wär ein größres Heil
Ich theilte gern den Eilfer
Nähm Hafis auch nur seinen Theil
Und schlurfte mit den Eilfer
Drum eil ich in das Paradies
Wo leider nie vom Eilfer
Die Gläubgen trinken. Sey er süß
Der Himmelswein! Kein Eilfer
Geschwinde Hafis eile hin
Da steht ein Roemer Eilfer"[27]

27 Goethe: West-östlicher Divan. Herausgegeben und erläutert von Katharina Momsen; a.a.O., S. 168. Dieses Loblied auf den Rheingauer Riesling des Kometenjahrgangs 1811 stammt in erster Fassung wahrscheinlich vom 10. Mai 1815 in Meiningen. Goethe soll bei der Niederschrift des Ghasels ziemlich viel getrunken haben. Jedenfalls entsprachen die Verse weder den strengen Regeln des arabischen Ghasels, noch war dieser Gedichtentwurf überhaupt verständlich. Erst die zweite Fassung, wohl vom Sommer oder Herbst 1816 genügt den formalen Regeln und erschließt sich in wünschenswerter Klarheit. Die hier abgedruckte Fassung entspricht mit allen orthographischen Eigenheiten der sehr zuverlässigen Ausgabe von Katharina Mommsen.

Mit dem emphatischen Verweis auf den „Eilfer" am Vorabend des Sankt-Rochus-Festes begibt sich Goethe wieder an die Seite seines „Weinlehrers" Hafis und damit in den poetischen Wärmestrom des *West-östlichen Divan*. Es kann nicht klar und oft genug gesagt werden: Der Wein, allen voran der Rheingauer „Eilfer", ist Goethes Zaubertrank. Er führt nicht fort von der Welt, sondern schafft das schönste Bündnis mit ihr. Er verleiht Gedankenflügel, verfeinert die Liebe, hilft beim Verfassen von Poesie und hebt die Geselligkeit. Niemand anders als Goethe ist der poetische und önologische Pate des Rheingaus. Man lasse sich nicht von den mineralogischen Brocken und dem so gern eingestreuten Besserwissen über Gartenbau und Erdgeschichte abschrecken, sondern versetze sich durch mindestens Poesie- und Weingenuss (Rheingauer Riesling!) in die Lage, die Wahrheit und die Schönheit des Rheingaus zu erkennen. Man scheint in der Nacht auf den 16. August 1814 in der „Krone" gut gezecht zu haben. Jedenfalls hat sich in die folgende Passage wohl ein Tempusfehler eingeschlichen:

„Um dergleichen, selbst in heiterer Stimmung, immer bedenkliche Betrachtungen los zu werden, trat man heraus unter den brennend gestirnten Himmel, und verweilte so lange, daß der darauf folgende tiefe Schlaf als Null betrachtet werden konnte, da er uns vor Sonnenaufgang verließ. Wir treten sogleich heraus, nach den grauen Rheinschluchten herabzublicken; ein frischer Wind blies von dorther uns ins Angesicht, günstig den Herüber- wie Hinüberfahrenden. (...) Drüben, am Ufer her, sieht man Schatten ziehen, Wagen fahren, Schiffe aus den obern Gegenden landen daselbst. Den Berg aufwärts wimmelt's bunt von Menschen, auf mehr oder weniger gähen Fußpfaden, die Höhe zu ersteigen bemüht. Fortwährendes Kanonieren deutet auf eine Folge wallfahrender Ortschaften. Nun ist es Zeit! Auch wir sind mitten auf dem Flusse, Segel und Ruder wetteifern mit Hunderten. Ausgestiegen bemerken wir sogleich, mit geologischer Vorliebe, am Fuße des Hügels wundersame Felsen. Der Naturforscher wird von dem heiligen Pfade rückgehalten. Glücklicherweise ist ein Hammer zur Hand."[28]

Wunderschön, wie Goethe jetzt, im Festgetümmel angekommen, die Orientierung verliert und wie ihm das gefällt.

„Und nun ergreift uns das Gewühl! Tausend und aber tausend Gestalten streiten sich um unsere Aufmerksamkeit [die kleine Gruppe wird von dem, in der Gegend bekannten herzoglichen Beamten Hofrat

28 Goethe: Sankt Rochus-Fest zu Bingen (Hamburger Ausgabe), S. 408 f.

Goetz geführt, d. A.]. Diese Völkerschlachten sind an Kleidertracht nicht auffallend verschieden, aber von der mannigfaltigsten Gesichtsbildung. Das Getümmel jedoch läßt keine Vergleichung aufkommen; allgemeine Kennzeichen suchte man vergebens in dieser augenblicklichen Verworrenheit, man verliert den Faden der Betrachtung, man läßt sich ins Leben hineinziehen. Eine Reihe von Buden, wie ein Kirchweihfest sie fordert, stehen ohnfern der Kapelle. Voran geordnet sieht man Kerzen, gelbe, weiße, gemalte, dem verschiedenen Vermögen der Weihenden angemessen. Gebetbücher folgen, Offizium zu Ehren des Gefeierten. Vergebends fragten wir nach einem erfreulichen Hefte, wodurch uns sein Leben, Leisten und Leiden klar würde; Rosenkränze jedoch aller Art fanden sich häufig. Sodann war aber auch für Wecken, Pfeffernüsse und mancherlei Buttergebackenes gesorgt, nicht weniger für Spielsachen und Galanteriewaren, Kinder verschiedenen Alters anzulocken. (...) Eine große Bewegung aber verkündet: nun komme die Hauptprozession von Bingen herauf. Man eilt den Hügelrücken hin, ihr entgegen. Und nun erstaunt man auf einmal über den schönen, herrlich veränderten Landschaftsblick in eine ganz neue Szene. Die Stadt, an sich wohl gebaut und erhalten, Gärten und Baumgruppen um sie her, am Ende eines wichtigen Tales, wo die Nahe herauskommt. Und nun der Rhein, der Mäuseturm, die Ehrenburg! Im Hintergrunde die ernsten und grauen Felswände, in die sich der mächtige Fluß eindrängt und verbirgt. Die Prozession kommt bergauf, gereiht und geordnet wie die übrigen. Vorweg die kleinsten Knaben, Jünglinge und Männer hinterdrein. Getragen der heilige Rochus, in schwarzsamtenem Pilgerkleide, dazu, von gleichem Stoff, einen langen goldverbrämten Königsmantel, unter welchem ein kleiner Hund, das Brot zwischen den Zähnen haltend, hervorschaut. Folgen sogleich mittlere Knaben in kurzen schwarzen Pilgerkutten, Muscheln auf Hut und Kragen, Stäbe in Händen. Dann treten ernste Männer heran, weder für Bauern noch Bürger zu halten. An ihren ausgearbeiteten Gesichtern glaubt' ich Schiffer zu erkennen, Menschen, die ein gefährliches, bedenkliches Handwerk, wo jeder Augenblick sinnig beachtet werden muß, ihr ganzes Leben über sorgfältig betreiben."[29]

Die Atmosphäre erinnert an den *Osterspaziergang*. Nun kommt jedoch zum feierlichen Aufzug der versammelten Festteilnehmer der Genuss von Speisen und Getränken hinzu. Erst dann ist das irdische Glück vollkommen.

29 Ebenda, S. 411-413.

„Nun wurden wir aber sogleich gewahr, daß wir uns dem Lebensgenusse näherten. Gezelte, Buden, Bänke, Schirme aller Art standen hier aufgereiht. Ein willkommener Geruch gebratenen Fettes drang uns entgegen. Beschäftigt fanden wir eine junge, tätige Wirtin, umgehend einen glühenden, weiten Aschenhaufen, frische Würste – sie war eine Metzgerstochter – zu braten. (...) Auch wir, mit fetter, dampfender Speise nebst frischem, trefflichen Brot reichlich versehen, bemühten uns, Platz an einem geschirmten langen, schon besetzten Tische zu nehmen. Freundliche Leute rückten zusammen, und wir erfreuten uns angenehmer Nachbarschaft, ja liebenswürdiger Gesellschaft, die von dem Ufer der Nahe zu dem erneuten Fest gekommen war. Muntere Kinder tranken Wein wie die Alten. Braune Krüglein, mit weißem Namenszug des Heiligen, rundeten im Familienkreise. Auch wir hatten dergleichen angeschafft und setzten sie wohlgefüllt vor uns nieder. (...) Der Genuß des Weins war durch solche Gespräche nicht unterbrochen. Wir sendeten unsere leeren Gefäße zu dem Schenken, der uns ersuchen ließ, Geduld zu haben, bis die vierte Ohm angesteckt sei [die „Ohm" meint hier ein Fass, das in Frankfurt 143,42 l beinhaltete, d. A.]. Die dritte war in den frühen Morgenstunden schon verzapft.

Niemand schämt sich der Weinlust, sie rühmen sich einigermaßen des Trinkens. Hübsche Frauen gestehen, daß ihre Kinder mit der Mutterbrust zugleich Wein genießen. Wir fragten, ob denn wahr sei, daß es geistlichen Herren, ja Kurfürsten geglückt, acht rheinische Maß, das heißt sechzehn unsrer Bouteillen, vierundzwanzig Stunden zu sich zu nehmen?"[30]

Nun folgt ein „scheinbar ernsthafter Gast" und kündigt als Antwort auf die Frage die im Rheingau offenbar bekannte Fastenpredigt des dort zuständigen Weihbischofs an. Der habe zunächst das Laster der Trunkenheit seiner Gemeinde kräftig gegeißelt, um dann wie folgt fortzufahren:

„Ihr überzeugt euch also hieraus, andächtige, zu Reu und Buße schon begnadigte Zuhörer, daß derjenige die größte Sünde begehe, welcher die herrlichen Gaben Gottes solchermaßen mißbraucht. Der Mißbrauch aber schließt den Gebrauch nicht aus. Stehet doch geschrieben: Der Wein erfreuet des Menschen Herz! Daraus erhellt, daß wir, uns und andere zu erfreuen, des Weines gar wohl genießen können und sollen. Nun ist aber unter meinen männlichen Zuhörern vielleicht

30 Ebenda, S. 414 f.

keiner, der nicht zwei Maß Wein zu sich nähme, ohne deshalb gerade einige Verwirrung seiner Sinne zu spüren; wer jedoch bei dem dritten oder vierten Maß schon so arg in Vergessenheit seiner selbst gerät, daß er Frau und Kinder verkennt, sie mit Schelten, Schlägen und Fußtritten verletzt und seine Geliebtesten als die ärgsten Feinde behandelt, der gehe sogleich in sich und unterlasse ein solches Übermaß, welches ihn mißfällig macht Gott und Menschen, und seines gleichen verächtlich. Wer aber bei dem Genuß von vier Maß, ja von fünfen und sechsen, noch dergestalt sich selbst gleich bleibt, daß er seinem Nebenchristen noch liebevoll unter die Arme greifen mag, dem Hauswesen vorstehen kann, ja die Befehle geistlicher und weltlicher Obern auszurichten sich im Stande findet, auch der genieße sein bescheiden Teil, und nehme es mit Dank dahin. Er hüte sich aber, ohne besondere Prüfung weiter zu gehen, weil hier gewöhnlich den schwachen Menschen ein Ziel gesetzt ward. Denn der Fall ist äußerst selten, daß der grundgütige Gott jemanden die besondere Gnade verleiht, acht Maß trinken zu dürfen, wie er mich, seinen Knecht, gewürdigt hat.

Da mir nun aber nicht nachgesagt werden kann, daß ich in ungerechtem Zorn auf irgend jemand losgefahren sei, daß ich Hausgenossen und Anverwandte mißkannt, oder wohl gar die mir obliegenden geistlichen Pflichten und Geschäfte verabsäumt hätte, vielmehr ihr alle mir das Zeugnis geben werdet, wie ich immer bereit bin, zu Lob und Ehre Gottes, auch zu Nutz und Vorteil meines Nächsten mich tätig finden zu lassen: so darf ich wohl mit gutem Gewissen und mit Dank dieser anvertrauten Gabe mich auch fernerhin erfreuen. Und ihr, meine andächtigen Zuhörer, nehme ein jeder, damit er nach dem Willen des Gebers am Leibe erquickt, am Geiste erfreut werde, sein bescheiden Teil dahin. Und auf daß ein solches geschehe, alles Übermaß dagegen verbannt sei, handelt sämtlich nach der Vorschrift des heiligen Apostels, welcher spricht: Prüfet alles und das Beste behaltet."[31]

Diese Predigtparodie fügt sich einerseits mühelos in Goethes Weinlob. Andererseits verrät sie auch etwas über seine Arbeitsweise; denn es gab diesen Weihbischof und er erfreute sich im Rheingau allgemeinen Respekts und wegen seiner legendären Trinkstabilität einer nicht geringen Bewunderung. Es handelt sich um den Mainzer Weihbischof Valentin Heimes, der von 1741 bis 1806 lebte. Bingen und der Rochusberg lagen in seinem Mainzer Wirkungskreis. Er stammte aus einer

31 Ebenda, S. 415 f.

Hattenheimer Winzerfamilie und war an Fragen des Weinbaus stets nicht weniger interessiert als an kirchlichen Belangen. Goethe montiert die sehr wahrscheinlich so nie gehaltene Weinpredigt passgerecht in die Schilderung der beim Rochus-Fest aufkommenden allgemeinen „Weinlust“, die er gern teilte. Offenbar hatte er sich mit diesem trinkfesten Weihbischof beschäftigt. Er passt mit seinen karnevalesken Übertreibungen bestens zum respektvoll bis liebenswert geschilderten Volksglauben, in dem die zeitweilige Verkehrung von Maß und Regel ihren Platz hat. Heftiges Essen und Trinken, Verspottung der kirchlichen Obrigkeit, geselliges Beisammensein: Dies alles passt recht gut zu den schlaraffischen Zügen des *Schenkenbuchs* im *West-östlichen Divan*. („Trunken müssen wir alle sein ...“; „Heute hast du gut gegessen, doch du hast noch mehr getrunken“; „Daß aber der Wein von Ewigkeit sei, daran zweifl’ ich nicht.“)

Der Weihbischof Valentin Heimes hat es quer durch die Erschütterungen der weltlichen und kirchlichen Macht in den Jahren der französischen Besatzung zu beachtlichem Reichtum gebracht. Zuletzt hat er sein kirchliches Amt auf seinem Hattenheimer Weingut ausgeübt, war er dort zugleich Winzer und Weihbischof. In Goethes *Sankt-Rochus Fest zu Bingen* wird er als „Bruder im Wein" dargestellt, nicht als maßloser Trinker.[32]

Ob Goethe die „Rheingauer Weinkur" kannte, ist ungewiss. Es scheint im Rheingau ein traditioneller Hang zur Weinübertreibung zu existieren. Schon 1703 hatte ein gewisser Johannes Valentin Kauppers diese Weinkur empfohlen. Sie brachte ihm den Doktortitel ein und ihren Anwendern wahrscheinlich eine milde Form der Alkoholvergiftung; denn die fünfwöchige Kur beginnt mit eineinhalb Litern besten Rheingauer Rieslings und endet mit bis zu sechs Litern. Ausdrücklich abgeraten wurde davon, nebenher noch Branntwein zu trinken. Erlaubt war aber der begleitende Genuss von Schwalbacher Wasser.[33]

Zwölf Jahre vor Goethes erstem Besuch im Rheingau waren Clemens Brentano und sein Freund Achim von Arnim im Juni 1802 den Main und Rhein hinunter von Frankfurt nach Rüdesheim gefahren. Bei dieser Reise entstand der Plan, Volkslieder und alte Geschichten zu sammeln und sie für eine Wiederbelebung alter deutscher Kultur herauszubringen. Es sollte daraus ein poetischer Schatz werden, der weit über das 19. Jahrhundert hinauswirkte: *Des Knaben Wunderhorn. Alte deutsche Lieder.* Der erste von drei Teilen erschien dann 1806. In einem Goethe gewidmeten Eingangstext äußerten sie die Hoffnung, die Lieder mögen „in Eurer Exzellenz Beifall auslösen." Das taten sie. Goethe widmete dem ersten Band eine sehr wohlwollende Besprechung. Dem Volk allerdings, dessen Lieder hier versammelt werden sollten, wurde kräftig aufgeholfen. Clemens Brentano legte ihm nicht wenige seiner schönsten Gedichte in den Mund. Dass man dem Volk nur aufs Maul schauen, seine Lieder erlauschen müsse, um an die alten Weisen und Worte heranzukommen, war selbst ein romantischer Mythos. Welch wunderbar quere Fügung, dass es sich bei Goethe gerade an Ort und Stelle, am so gründlich romantisierten Rhein, anders verhielt. Beim Sankt-Rochus-Fest trat er mit Freuden der religiös gestimmten Trinkgemeinschaft bei und wurde reich belohnt mit einer Fülle von freimütig gelieferten „Volksweisheiten". Das hätte Clemens Brentano und Achim von Arnim entzückt.

„Noch mehrere Gespräche kreuzten sich. Verschiedene Bauernregeln und sprüchwörtliche Wetterprophezeiungen, welche dies Jahr einge-

---

32 Die interessante Lebensgeschichte und kirchliche Laufbahn von Valentin Heimes ist nachzulesen in: Adolf Bach: Der Mainzer Weihbischof Valentin Heimes und die „Weinpredigt" in Goethes „St. Rochusfest zu Bingen". In: Rheinische Vierteljahresblätter 27 (1962), S. 97-116.

33 Vgl. Elmar M. Lorey: Die Weinapotheke. Bern und Stuttgart 1997, S. 67-89.

troffen sein sollten, verzeichnete ich ins Taschenbuch, und als man Teilnahme bemerkte, besann man sich auf mehrere, die denn auch hier Platz finden mögen, weil sie auf Landesart und auf die wichtigsten Angelegenheiten der Bewohner hindeuten.

'Trockner April ist nicht des Bauern Will'. – Wenn die Grasmücke singt, ehe der Weinstock sproßt, so verkündet es ein gutes Jahr. – Viel Sonnenschein im August bringt guten Wein. – Je näher das Christfest dem neuen Monde zu fällt, ein desto härteres Jahr soll hernach folgen; so es aber gegen den vollen und abnehmenden Mond kommt, je gelinder es sein soll. – Die Fischer haben von der Hechtsleber dieses Merkmal, welches genau eintreffen soll: wenn dieselbe gegen dem Gallenbläschen zu breit, der vordere Teil aber spitzig und schmal ist, so bedeutet es einen langen und harten Winter. – Wenn die Milchstraße im Dezember schön weiß und hell scheint, so bedeutet es ein gutes Jahr. (...) Ist das Brustbein von einer gebratenen Martinsgans braun, so bedeutet es Kälte; ist es weiß, Schnee.' – Ein Bergbewohner, welcher diese vielen, auf reiche Fruchtbarkeit hinzielenden Sprüche, wo nicht mit Neid, doch mit Ernst vernommen, wurde gefragt: ob auch bei ihnen dergleichen gäng und gäbe wäre? Er versetzte darauf: mit soviel Abwechslung könne er nicht dienen, Rätselrede und Segen sei bei ihnen nur einfach und heiße:

Morgen rund,
Mittag gestampft,
Abends in Scheiben;
Dabei soll's bleiben.
Es ist gesund.

Man freute sich über diese glückliche Genügsamkeit und versicherte, daß es Zeiten gäbe, wo man zufrieden sei, es ebenso gut zu haben."[34]

Auf das Trink- und Sprechgelage folgte die Predigt des Bischofs, die Goethe ausführlich und mit Sympathie wiedergibt. Als sei es nun genug mit kirchlicher Frömmigkeit, werden auf dem Rückweg von Bingen nach Wiesbaden die Kräfte der Natur genutzt.

„In dem herrlich gelegenen Bingen angelangt, fanden wir noch

34 Goethe: Sankt-Rochus-Fest zu Bingen (Hamburger Ausgabe), a.a.O., S. 421 f.

daselbst keine Ruhe; wir wünschten vielmehr nach so viel wunderbaren, göttlichen und menschlichen Ereignissen uns geschwind in das derbe Naturbad zu stürzen. Ein Kahn führte uns flußabwärts die Strömungen. Über den Rest des alten Felsendammes, den Zeit und Kunst besiegten, glitten wir hinab; der märchenhafte Turm, auf unverwüstlichem Quarzgestein gebaut, blieb uns zur Linken, die Ehrenburg rechts; bald aber kehrten wir für diesmal zurück, das Auge voll von jenen abschießenden graulichen Gebirgsschluchten, durch welche sich der Rhein seit ewigen Zeiten hindurcharbeitete.

So wie den ganzen Morgen, also auch auf diesem Rückwege, begleitete uns die hohe Sonne, obgleich aufsteigende vorüberziehende Wolken zu einem ersehnten Regen Hoffnung gaben; und wirklich strömte er endlich alles erquickend nieder und hielt lange genug an, daß wir auf unserer Rückreise die ganze Landesstrecke erfrischt fanden. Und so hatte der heilige Rochus, wahrscheinlich auf andere Nothelfer wirkend, seinen Segen auch außer seiner eigentlichen Obliegenheit reichlich erwiesen."[35]

Goethe war vom Sankt-Rochus-Fest und von der Kapelle dermaßen angetan, dass er später in Weimar für ein neues Porträt des heiligen Rochus sorgte. Das beim Fest gesehene gefiel ihm nicht. Angeblich trägt das von ihm angeregte Bildnis die Züge des jungen Goethe. Das lässt sich bei einem Besuch der Kapelle überprüfen.

Aber damit nicht genug. Der Tag zu Ehren des heiligen Rochus mit Hin- und Rückreise durch die „hochgesegneten Gebreiten", das war rasch entschieden, sollte in der Literatur aufgehoben werden. Am 17. August notiert er im Tagebuch: „Elfeld frühe Schema des Rochus Festes" und zwei Tage später heißt es wieder „St. Roch.".[36]

Am 28. August feierte der Dichter seinen 65. Geburtstag in Wiesbaden. Vielmehr wurde er gefeiert; denn ein Fräulein von Stein, Hofdame der Kurfürstin von Hessen(-Kassel), lud ihn zu sich, um am 27. in den Geburtstag hinein zu feiern. Frau von Holzhausen veranstaltete am nächsten Morgen ein üppiges Frühstück im Kursaal, bevor im Schloss Biebrich die nassauische Hofgesellschaft gratulierte. Ins Tagebuch schrieb er am 29. August: „Nicht wohl. Im Bette geblieben."[37] Christiane teilte er mit, das Bad bekäme ihm trefflich und: „Ich wünsche allen Glück und Heil, da es mir sehr wohl geht. Die Menschen

35 Ebenda, S. 428.

36 Goethes Werke. Herausgegeben im Auftrage der Großherzogin Sophie von Sachsen. III. Abt. Goethes Tagebücher. 5. Bd. Weimar 1893, S. 126.

37 Ebenda, S. 128.

sind gut und freundlich, und die Gegend himmlisch in der Runde."[38] Den Rhein werde er sehr vermissen. Aber auch Hafis wurde erwähnt. An Riemer schrieb er, auch am Tag nach dem 28. August: „Die Gedichte des Hafis sind auf 30 angewachsen und machen ein kleines Ganze, das sich wohl ausdehnen kann, wenn der Humor wieder rege wird. Das Fest des Heil. Rochus habe schematisirt. Es kann recht artig werden."[39] *Der Divan* beschäftigte ihn weiter. Wiesbaden und der Rheingau wurden wie schon die Reise dorthin zu Zentralstationen des *West-östlichen Divan*. Zum Geburtstag war aus Winkel eine besonders willkommene Kiste gekommen: „Frau von Brentano hatte mir früh, von Winkel 10 Flaschen des ächtesten Weins gesendet, davon wurden die Freunde nun erfreut, und alles endigte zum besten"[40], schrieb er an Christiane. Weinphilologische Studien haben ergeben, dass sich in der Geschenkkiste fünf Flaschen 1811er („Eilfer") Winkeler Hasensprung und fünf Flaschen vom Geisenheimer Rothenberg befanden. Am 1. September schließlich brach Goethe nach vielen Ankündigungen zum Landgut der Familie Brentano in Winkel auf. Er hatte den Wein in der Geschenkkiste richtig als erneute Einladung interpretiert. Er sollte dort bis zum 8. September bleiben. Dieser, man kann sagen, legendäre Besuch im heute so genannten Brentanohaus lieferte die Basis für seinen zweiten großen Rheingau-Text: *Im Rheingau Herbsttage. Supplement des Rochus-Festes 1814*. Die Einladung nach Winkel von Franz und Antonie Brentano war zum ersten Mal schon 1812 ergangen, als die beiden Goethe bei einem Kuraufenthalt in Karlsbad getroffen hatten. Das Winkeler Landgut der Frankfurter Handelsfamilie Brentano wurde 1754 im barocken Stil von der Familie Ackermann aus Bingen gebaut. 1804 ging es in die Geschäftsmasse der Familie Brentano ein, um im Winter 1806 zum Privateigentum von Franz und Antonie Brentano zu werden. Von da an verkehrten dort prominente Gäste wie Friedrich Carl von Savigny, der im Rheingau außerordentlich geschätzte Historiker Nicolaus Vogt, bei dem an der Mainzer Universität der berühmte Diplomat und Staatsmann Metternich studiert hatte, Wilhelm Grimm und die Geschwister Bettine und Clemens Brentano. Goethe traf Metternich im Sommer 1815 beim nächsten Kuraufenthalt in Wiesbaden auf Schloss Johannis-

38 Goethes Werke. Herausgegeben im Auftrage der Großherzogin Sophie von Sachsen. IV. Abt. Goethes Briefe. 25. Bd. Weimar 1901, S. 25.

39 Ebenda, S. 27 f.

40 Ebenda, S. 26.

berg, das die österreichische Krone ihrem führenden Staatsmann wegen dessen Verdienste beim Wiener Kongress geschenkt hatte. Karoline von Günderrode, die sich am 26. Juli 1806 am Ufer des Rheins in Winkel das Leben nahm, hatte zu dieser Zeit nicht im Haus der Brentanos gewohnt, sondern zusammen mit zwei Freundinnen im Haus des Frankfurter Kaufmanns Merten in Winkel. Übrigens besuchte Goethe während seines Aufenthalts im Landgut der Brentanos am 6. September zusammen mit Antonie Brentano den Ort, an dem Karoline von Günderrode sich umgebracht hatte. Das entsprach eigentlich nicht seiner tiefen Scheu vor Grabstätten und Todesstellen. „Man zeigte mir am Rheine zwischen einem Weidicht den Ort, wo Fräulein von Günderode sich entleibt. Die Erzählung dieser Katastrophe an Ort und Stelle, von Personen, welche in der Nähe gewesen und teil genommen, gab das unangenehme Gefühl, was ein tragisches Lokal jederzeit erregt."[41]

Der Grabstein Karoline von Günderrodes auf dem Friedhof in Winkel

41 Johann Wolfgang Goethe: Im Rheingau Herbsttage. Supplement des Rochus-Festes 1814. In: Johann Wolfgang Goethe: Sämtliche Werke. Züricher Ausgabe. Bd. 12, Biographische Einzelschriften. Zürich 1977, S. 509.

Karoline von Günderrode (1780 – 1806)

Das Brentanohaus in Winkel wurde zu einem herausragenden Ort der literarischen Erinnerungskultur. Die beiden Räume, die Goethe 1814 bewohnte, wurden seitdem von den Nachfahren in der Familie Brentano so gut wie nicht verändert. So bleiben sie einer der wenigen authentisch erhaltenen Orte aus Goethes Leben. Mittlerweile ging das historische Gebäudeensemble am Ortseingang von Winkel in den Besitz des Landes Hessen über und wird – stilgerecht restauriert – als Museum erhalten. Die fachgerechte Pflege der Goethe-Räume obliegt dem Freien Deutschen Hochstift. Im Brentanohaus wird auch ein Restaurant betrieben, in dem Goethe-Wein angeboten wird. Riesling vom Winkeler Hasensprung. Zwar nicht vom gesegneten Jahrgang 1811, aber sehr empfehlenswert. Der „Eilfer" wurde auch „Kometenwein" genannt, und das kam so: Das Wetter im Rheingau hatte im Jahr 1811 „verkehrte Welt" gespielt. Im Januar wurde das Eis des zugefrorenen Rheins in Rüdesheim und Lorch bis in die Weinberge geschoben und richtete dort erhebliche Schäden an. Der März war lau und freundlich, der April warm und trocken, im Mai war es sommerlich heiß, der Wein blühte viel früher als gewöhnlich und war bereits am 15. Juni verblüht.

Das Brentanohaus in Winkel

Schon Ende Juni reiften die ersten „Pergel“ – so heißen im Rheingau die Weinbeeren. Im Juli und August verbrannten viele Trauben. Auch im September und Oktober war es außerordentlich heiß. So sehr, dass es die nahezu unbekleideten Weinleser vor Hitze kaum aushielten. Manche Stöcke blühten in diesem verrückten Jahr zweimal und lieferten auch zweimal reife Trauben. Die Ernte war dann merkwürdigerweise doch recht ergiebig. Zwar gab es weniger Wein, der aber war teuer und wegen seiner Süße und des hohen Alkoholgehalts sehr geschätzt. Manche glaubten, der in diesem Jahr in ganz Europa zu sehende hell leuchtende Komet namens Flaugergues trüge die Schuld an dem seltsamen Weinjahr.

Goethe hat sich bei den Brentanos für die achttägige Gastfreundschaft des Öfteren herzlich bedankt. Es entstand zwischen ihm und Antonie Brentano zwischen 1814 und 1821 ein Briefwechsel. Letztere erinnerte sich im hohen Alter an die Herbsttage mit Goethe im Rheingau, wobei ihr ein paar Gedächtnisfehler unterliefen:

„Dieser [Goethe, d. A.] war überhaupt auch mit meiner Familie in Frankfurt sehr befreundet und wohnte einmal einige Wochen in unserem Hause auf unserm Landgut in Winkel. Das war aber die Zeit, wo schon seine Vergötterung angefangen hatte, und er war im Ganzen sehr stolz und geizig mit seinen Worten. Es war immer, als sei es ihm unangenehm zu denken, man wolle all' seine Worte gleich auffassen, um sie drucken zu lassen. Jeden Morgen zog er da seinen weißen flanelleten Schlafrock an, legte die Hände auf den Rücken und wanderte den langen Bogengang, der fast bis an den Rhein reichte, auf und ab.

Während diesem Gange war er nicht gerne gestört und gab kaum Antwort, wenn er gefragt wurde. Zu Tische zog er sich dann immer sehr sorgfältig an und war dann ganz herablassend. Er schöpfte sich immer seinen Teller schrecklich voll Speisen, die er aber meistens immer liegen ließ, ohne sie zu genießen, was mir als Hausfrau immer das unbehagliche Gefühl hervorrief, als sei ihm nichts gut genug zubereitet. Von unsrem guten Rheinweine konnte er aber ganz fürchterlich viel trinken, besonders von dem 11er, und mein Mann machte ihm oft eine große Freude mit dem Geschenk eines Fäßchens Wein."[42]

Das passt nicht so recht zu Goethes Äußerungen im Brief an den Sohn August vom 6. September im Haus der Brentanos: „Ohne die Aufmercksame Gefälligkeit dieser Familie hätte ich die Gegend im ganzen Umfang nicht kennen lernen, welches sehr der Mühe werth ist. Man kann lange in der Erinnerung dieser Bilder genießen. Ich habe viel aufgeschrieben um das Gedächtniß zu begründen. (...) Carl [Goethes Diener Carl Wilhelm Stadelmann, d. A.] schreibt ab, der sich überhaupt sehr gut beträgt."[43] Stadelmann ist immer dabei und hilft auch beim Sammeln von Gesteinsproben. Bei der Wiesbadener Kur im Folgejahr wird er sein eigenes Tagebuch scheiben. Vielleicht sollen die freundlichen Eingangszeilen der *Herbsttage* eine gewisse Muffeligkeit des hohen Gastes vergessen machen. Es wäre jedoch nicht außergewöhnlich, wenn die schriftliche Liebenswürdigkeit eines noch dazu berühmten Autors mit dem mündlichen, tatsächlichen Umgang nicht übereinstimmte.

---

42 Zit. n. Goethes Briefwechsel mit Antonie Brentano 1814–1821. Hg. von Rudolf Jung. Weimar 1896, S. 10 f.

43 Goethes Briefe. 25. Bd., a.a.O., S. 33.

Goethezimmer im Brentanohaus

Im Rheingau Herbsttage unterscheidet sich stark vom *Sankt-Rochus-Fest zu Bingen.* Die Aufzeichnungen vom 1. bis zum 6. September 1814 haben den Charakter einer Chronik und sind kein ausgearbeiteter literarischer Text. Umso mehr kann man Goethe beim Inspizieren des Rheingaus zuschauen und sich gründlich darüber amüsieren, mit welcher Vehemenz er tatsächliche oder behauptete Missstände beklagt, wie viele Verbesserungsvorschläge er zu machen hat. Zur Bewunderung regt die Intensität und Vielseitigkeit seiner Wahrnehmung an. Und wieder siegt der Wein über alles, über Verfall und Kriegsschäden. Insbesondere der „Eilfer“.

Im Rheingau Herbsttage. Supplement des Rochus-Festes 1814

„Das lebendige Schauen der nunmehr zu beschreibenden Örtlichkeiten und Gegenstände verdanke ich der geliebten wie verehrten Familie Brentano, die mir an den Ufern des Rheins, auf ihrem Landgute zu Winkel, viele glückliche Stunden bereitete.

Die herrliche Lage des Gebäudes läßt nach allen Seiten die Blicke frei, und so können auch die Bewohner, zu welchen ich mehrere Wochen[44] mich dankbar zählte, sich ringsumher, zu Wasser und Land, sich fröhlich bewegen. Zu Wagen, Fuß und Schiff erreichte man auf beiden Ufern die herrlichsten, oft vermuteten, öfter unvermuteten Standpunkte. Hier zeigt sich die Welt mannigfaltiger, als man sie denkt; das Auge selbst ist sich in der Gegenwart nicht genug: wie sollte nunmehr ein schriftliches Wort hinreichen, die Erinnerung aus der Vergangenheit hervorzurufen? Mögen deshalb diese Blätter wenigstens meinem Gefühl an jenen unschätzbaren Augenblicken und meinem Dank dafür treulich gewidmet sein.

Den 1. September

Kloster Eibingen gibt den unangenehmsten Begriff eines zerstörten würdigen Daseins. Die Kirche, alles Zubehörs beraubt, Zimmer und Säle ohne das mindeste Hausgerät, die Zellenwände eingeschlagen, die Türen nach den Gängen mit Riegeln verzimmert, die Fache nicht ausgemauert, der Schutt umherliegend. Warum denn aber diese Zerstörung ohne Zweck und Sinn? Wir vernehmen die Ursache. Hier sollte ein Lazarett angelegt werden, wenn der Kriegsschauplatz in der Nähe geblieben wäre. Und so muß man sich noch über diesen Schutt und über die verlassene Arbeit freuen. Man scheint übrigens gegenwärtig die leeren Räume zu Monturkammern und Aufbewahrung älterer, weniger brauchbarer Kriegsbedürfnisse benutzen zu wollen. Im Chor liegen Sättel gereihet, in Sälen und Zimmern Tornister, an abgelegten Montierungsstücken fehlt es auch nicht, so daß, wenn eine der Nonnen vor Jahren die Gabe des Vorgesichts gehabt hätte, sie sich vor der künftigen Zerrüttung und Entweihung hätte entsetzen müssen. Die Wappen dieser ehemals hier beherbergten und ernährten Damen verzieren noch einen ausgeleerten Saal. Hierauf besuchten wir in Rüdesheim das Brömserische Gebäude, welches zwar merkwürdige, aber unerfreuliche Reste aus dem sechzehnten Jahrhundert enthält. Nur ist ein Familiengemälde der Herren von Kronberg, von 1549, in seiner Art besonders gut und der Aufmerksamkeit aller Freunde des Altertums und der Kunst würdig.

In der Stadtkirche auf dem Markt befindet sich das Wunderbild, das ehemals so viele Gläubige nach Not Gottes gezogen hatte. Christus

44 Goethe selbst also machte aus der einen Woche seines Aufenthalts in Winkel mehrere Wochen. Dem hat sich die Gastgeberin vielleicht respektvoll angeschlossen.

Blick auf Schloss Vollrads und Umgebung

knieend, mit aufgehobenen Händen, etwa acht Zoll hoch, wahrscheinlich die übrig gebliebene Hauptfigur einer uralten Ölbergsgruppe. Kopf und Körper aus Holz geschnitzt. Das Gewand von feinem Leinenzeuge aufgeklebt, fest anliegend wo die Falten schon ins Holz geschnitzt waren, an den rohen Armen aber locker, die Ärmel bildend und ausgestopft, das Ganze bekreidet und bemalt. Die angesetzten Hände zwar zu lang, die Gelenke und Nägel hingegen gut ausgedrückt; aus einer nicht unfähigen, aber ungeschickten Zeit.

Der 2. September

Ungefähr in der Mitte von Winkel biegt man aus nach der Höhe zu, um Vollrads zu besuchen. Erst geht der Weg zwischen Weinbergen, dann erreicht man eine Wiesenfläche; sie ist hier unerwartet, feucht und mit Weiden umgeben. Am Fuß des Gebirges, auf einem Hügel, liegt das Schloß, rechts fruchtbare Erde und Weinberge, einen Bergwald von Buchen und Eichen im Rücken. Der Schloßhof, von ansehnlichen Wohn- und Haushaltungsgebäuden umschlossen, zeugt von altem Wohnstande, der kleinere hintere Teil desselben ist den Feldbedürfnissen gewidmet.

Rechts tritt man in einen Garten, der, wie das Ganze, von altem Wohlhabe und gutsherrlicher Vorsorge zeugt, und jetzt als eine belebte Ruine aus uns eigentümlich anspricht. Die sonst pyramiden- und fächerartig gehaltenen Obstbäume sind zu mächtigen Stämmen und Ästen kunstlos wild ausgewachsen, überschatten die Beete, ja verdrängen die Wege und geben, von vortrefflichem Obste reich behangen, den wundersamsten Anblick. Eine Lustwohnung, von dem Kurfürsten aus der Greifenklauischen Familie erbaut, empfängt mit sichtbarstem Verfall den Eintretenden. Räume sind völlig entadelt, der Saal des ersten Stocks erweckt durch Familienbilder, die ohne gut gemalt zu sein, Gegenwart der Persönlichkeiten aussprechen, das Andenken einer früheren blühenden Zeit. Lebensgroß sitzt ein behaglicher Greifenklau, der auf sich und seinen Zustand sich etwas einbilden durfte. Zwei Gattinnen und mehrere Söhne, Domherren, Soldaten und Hofleute, stehen ihm zur Seite, und was von Kindern, vielleicht auch Verwandten auf ebenem Boden nicht Platz fand, erscheint als Gemälde im Gemälde oben im Bilde. So hängen auch Kurfürsten, Domherren und Ritter lebensgroß, in ganzen und halben Figuren umher, in dem nicht verwüsteten, aber wüsten Saale, zwischen vernachlässigten Samenstauden und anderm Unrat, unordentlich noch ihren Platz behaupten. In den Seitenzimmern schlottern die Goldledertapeten an den Wänden, man scheint die Tapeziernägel, die sie festhielten, zu anderm Gebrauch herausgezogen zuhaben.

Wendet nun das Auge von diesem Greuel sich weg gegen das Fenster, so genießt es, den verwilderten fruchtbaren Garten unter sich, der herrlichsten Aussicht. Durch ein sanft geöffnetes Tal sieht man Winkel nach seiner Länge; überrheinisch sodann Unter- und Oberingelheim, in fruchtbarer Gegend. Wir gingen durch den vernachlässigten Garten, die Baumschulen aufzusuchen, die wir aber in gleichem Zustand fanden; der Gärtner, wollte man wissen, liebe die Fischerei.

Draußen, unter dem Garten, auf der Wiese, zog eine große wohlgewachsene Pappel unsere Aufmerksamkeit an sich; wir hörten, sie sei am Hochzeitsfeste des vorletzten Greifenklau gepflanzt, dessen Witwe noch zuletzt diese Herrlichkeiten mit ungebändigter Lust genossen habe. Nach dem frühzeitigen Tod eines Sohnes aber ging der Besitz dieses schönen Guts auf eine andere Linie hinüber, welche, entfernt wohnend, für dessen Erhaltung weniger besorgt zu sein scheint. Einen wunderlichen, in einem kleinen Teich gebauten Turm, gingen wir vorüber und verfügten uns in das ansehnliche Wohngebäude.

Hatten wir gestern im Kloster Eibingen die Zerstörung gesehen, welche durch Änderung der Staatsverhältnisse, Religionsbegriffe, durch

Kriegsläufte und andere Sorgen und Bedürfnisse mit Willen und Unwillen einreißt, sahen wir dort ein aufgehobenes Kloster: so fanden wir hier die Spuren einer alten Familie, die sich selbst aufhebt. Die ehrwürdigen Stammbäume erhielten sich noch an den Wänden der umherlaufenden Gänge. Hier sproßen Greifenklaue und Sickingen gegeneinander über und verzweigten sich ins Vielfache; die vornehmsten und berühmtesten Namen schlossen sich weiblicherseits an den Greifenklauischen. Auf einem andern dieser Bilder knieten Bischöfe, Äbte, Geistliche, Frauen unter dem Baume, von dem sie entsprossen, Heil erbittend. Ein drittes Gemälde dieser Art war mutwillig oder absichtlich entstellt; es hatte jemand den Stammvater herausgeschnitten, vielleicht ein Liebhaber solcher Altertümer, denen nirgends zu trauen ist. Da schwebten nun Äste und Zweige in der Luft, das Verdorren weissagend.

Der Wohnturm von Schloss Vollrads

Wie unterhaltend übrigens in guten lebendigen Zeiten diese Galerien für Familienmitglieder, für Verwandte müssen gewesen sein, kann man noch daraus ermessen, daß die Grundrisse mancher Besitzungen mit ihren Grenzen, Gerechtsamen, streitigen Bezirken, und was sonst bemerklich sein mochte, hier aufgehangen und vor das Auge gebracht sind. Doch fehlte nunmehr manches, was Besuchende hier in früherer Zeit gekannt hatten, und wir entdeckten zuletzt in einer Kammer sämtliche Familienbilder, flözweise übereinander geschichtet und dem Verderben geweiht. Einige sind wert, erhalten zu sein, allen hätte man wohl einen Platz an den Wänden gegönnt. In wenigen Zimmern finden sich noch Stühle und Bettstellen, Kommoden und dergleichen, durch Zeit und Unordnung langsam verdorben und unbrauchbar.

In der kleinen Kapelle wird noch Gottesdienst gehalten, auch diese ist nur notdürftig reinlich. Ein paar kleine griechische Bildchen verdienen kaum aus diesem allgemeinen Verderben gerettet zu werden. Aus solchen traurigen Umgebungen eilten wir in die reiche frohe Natur, indem wir auf der Höhe des Hügels, Weinberge links, frisch geackerte Fruchtfelder rechts dem Johannisberg zugingen. Die Grenze des Weinbaues bezeichnet zugleich die Grenze des aufgeschwemmten Erdreichs; wo die Äcker anfangen, zeigt sich die ursprüngliche Gebirgsart. Es ist ein Quarz, dem Tonschiefer verwandt, der sich in Platten und Prismen zu trennen pflegt.

Man kann nicht unterlassen, links hinterwärts, nach dem Fluß und nach den ihn an beiden Ufern begleitenden Landschaften und Wohnlichkeiten umzuschauen, die, im einzelnen schon bekannt, mit größerem Anteil im ganzen überblickt werden.

Überrascht wird man aber doch, wenn man auf den Altan des Johannisberger Schlosses tritt. Denn wollte man auch alle in der Festbeschreibung genannten Orte und Gegenstände wiederholen, so würde sich doch nur dasjenige allenfalls in der Folge dem Gedächtnis darstellen, was man hierauf einmal übersieht, wenn man, auf demselben Flecke stehend, den Kopf nur rechts und links wendet. Denn von Bieberich bis Bingen ist alles einem gesunden oder bewaffneten [mit einem Fernrohr, d. A.] sichtbar. Der Rhein, mit den daran gegürteten Ortschaften, mit Inselauen, jenseitigen Ufern und ansteigenden Gefilden. Links oben die blauen Gipfel des Altkönigs und Feldbergs, gerade vor uns der Rücken des Donnersbergs! Er leitet das Auge nach der Gegend, woher die Nahe fließt. Rechts unten liegt Bingen, daneben die ahnungsvolle Bergschlucht wohin sich der Rhein verliert.

Die uns im Rücken verweilende Abendsonne beleuchtete diese mannigfachen Gegenstände an der uns zugekehrten Seite. Leichte, seltsam, streifenweis vom Horizont nach dem Zenit strebende Wolken unterbrachen die allgemeine Klarheit des Bildes, wechselnde Sonnenblicke lenkten jetzt die Aufmerksamkeit bald da- bald dorthin und das Auge ward stellenweise mit einzelner frischer Anmut ergötzt. Der Zustand des Schlosses störte nicht diese angenehmen Eindrücke. Leer steht's, ohne Hausgerät, aber nicht verdorben.

Bei untergehender Sonne bedeckte sich der Himmel von allen Seiten mit bunten, immer auf den Horizont sich beziehenden, pfeilförmigen Streifen, sie verkündigten eine Wetterveränderung, über welche die Nacht entscheiden wird.

Den 3. September

Der Morgenhimmel, erst völlig umwölkt, erheiterte sich bei fortdauerndem Nordwind. Nachdem wir in Geisenheim, bei einem Handelsmanne, ein altes Gemälde gesehen, ging der Weg aufwärts durch einen Eichenbusch, welcher alle vierzehn Jahre zum Behuf der Gerberei abgetrieben wird. Hier findet sich das Quarzgestein wieder und weiter oben eine Art von Totliegendem. Rechts blickt man in ein tiefes, von alten und jungen Eichen vollgedrängtes Bergtal hinab; die Türme und Dächer eines alten Klosters zeigen sich, von dem reichsten Grün ganz eingeschlossen, in wildem einsamem Grunde: eine Lage übereinstimmend mit dem Namen dieser heiligen Stätte, denn man nennt sie noch immer Not Gottes, obgleich das Wunderbild, das dem Ritter hier seine Not zujammerte, in die Kirche von Rüdesheim versetzt worden. Völlig unwirtbar erschiene diese Stelle noch jetzt, hätte man nicht einen kleinen Teil der angrenzenden Höhe gerodet und dem Feldbau gewidmet.

Aufwärts dann, eine hochgelegene bebaute Fläche hin, geht der Weg, bis man endlich auf den Niederwald gelangt, wo eine gerade, breite Fahrstraße vornehme Anlagen verkündigt. Am Ende derselben steht ein Jagdschloß mit Nebengebäuden. Schon vor dem Hofraum, besser von einem Türmchen, sieht man in der ungeheuren Schlucht den Rhein abwärts fließen. Lorch, Trechtingshausen, Bacharach sind hüben und drüben zu sehen, und mir war in diesem Blick der Anfang einer neuen Gegend und der völlige Abschluß des Rheingaues gegeben.

Auf einem Spaziergang durch den Wald gelangte man zu verschiedenen Aussichten und endlich zu einem auf einer Felskuppe des Vorgebirgs liegenden Altan, von welchem eine der schönsten Übersichten genossen wird. Tief unter uns die Strömung des Binger Lochs, oberhalb derselben den Mäuseturm. Die Nahe, durch die Brücke von Bingen herfließend, aufwärts der Bergrücken der Rochuskapelle, und was dem angehört, eine große, in allen Teilen mannigfaltige Ansicht. Wendet sich das Auge zurück und unterwärts, so sehen wir das verfallene Schloß Ehrenfels zu unsern Füßen.

Durch eine große wohlbestandene Waldstrecke gelangt man zu dem gegen Norden gerichteten runden Tempel. Hier blickt man von neuem rheinaufwärts, und findet Anlaß, alles zu summieren, was man diese Tage her gesehen und wieder gesehen hat. Wir sind mit den Gegenständen im einzelnen wohlbekannt, und so läßt sich durch das Fernrohr, ja sogar mit bloßen Augen manches Besondere, nah und fern, schauen und bemerken.

Wer sich in der Folge bemühte, den Niederwald besser darzustellen, müßte im Auge behalten, wie das Grundgebirge von Wiesbaden her immer mehr an den Rhein heranrückt, den Strom in die etliche Richtung drängt, und nun die Felsen des Niederwaldes die Grenzen sind, wo er seinen nördlichen Weg wieder antreten kann.

Der steile Fußpfad nach Rüdesheim hinab führt durch die herrlichsten Weinberge, welche mit ihrem lebhaften Grün in regelmäßigen Reihen, wie mit wohlgewirkten Teppichen, manche sich an- und übereinander drängende Hügel bekleiden.

Den 4. September

Früh in der Kirche, wo der Gottesdienst, wegen einer Greifenklauischen Stiftung, feierlicher als gewöhnlich begangen wurde. Geputzte und bekränzte Kinder knieten an den Seitenstufen des Altars und streuten in den Hauptmomenten des Hochamtes Blumenblätter aus ihren Körbchen; weil sie aber verschwenderisch damit umgingen und doch in dem feierlichsten Augenblick nicht fehlen wollten, rafften sie das Ausgestreute wieder in ihre Körbchen und die Gabe ward zum zweiten Male geopfert.

Sodann zu der verfallenen, in ein Winzerhaus verwandelten Kapelle des heiligen Hrabanus. Sie soll das erste Gebäude in Winkel gewesen sein; alt genug scheint es. Die Erde, oder vielmehr der Schutt, aufgerafft an der Stelle wo der Altar gestanden, soll Ratten und Mäuse vertreiben.

Nach Tische in einem mit Menschen überladenen Kahne von Mittelheim nach Weinheim, bei ziemlich lebhaftem Nordostwind. Der Stromstrich wirkt hier stark auf das linke Ufer, nachdem er eine vorliegende Aue weggerissen. Die Wurzeln der alten Weiden sind entblößt, die Stämme vom Eis entrindet. Man hat einen Damm aufgeworfen, um die dahinter liegenden Felder vor Überschwemmung zu sichern.

Am Ende dieses Dammes, gegen Niederingelheim zu, fanden wir ganz eigentliche Dünen, in den ältesten Zeiten vom Wasser abgesetzt, nun ihr leichter Sand vom Winde hin- und hergetrieben. Unzählige kleine Schnecken waren mit demselben vermengt, ein Teil davon den

Turbiniten ähnlich, die sich im Weinheimer Kalktuffe befinden. Daß dergleichen sich noch jetzt in diesem Sandbezirk vermehren, läßt sich folgern, da mir die aufmerksamen Kinder ein Schneckenhaus mit lebendigem Tiere vorgezeigt.

Hinter einer Mühle beginnt ein fruchtbares Gelände, das sich bis Niederingelheim zieht. Dieser Ort, schon hoch, an einer sanften Anhöhe gelegen, gehört zu dem Distrikt, der sonst des Heiligen Römischen Reichs Tal genannt wurde. Karl des Großen Palast fanden wir halb zerstört, zerstückelt, in kleine Besitzungen verteilt, den Bezirk desselben kann man noch an den hohen, vielleicht späten Mauern erkennen. Ein Stück einer weißen Marmorsäule findet sich an dem Tor eingemauert, mit folgender Inschrift aus dem Dreißigjährigen Kriege:

Vor 800 Jahren ist dieser Saal des großen Kaisers Carl, nach ihm Ludwig des milden Kaisers Carlen Sohn, im Jahr 1044 aber Kaisers Heinrichs, Im J. 1360 Kaisers Carlen in Böhmen Pallast gewesen und hat Kaiser Carle d. Groſse, neben andern gegossenen Säulen, diese Säule aus Italia von Ravenna anhero in diesen Pallast fahren lassen, welche man bey Regierung Kaisers Ferdinandi des II und Königs in Hispania Philippi IV auch derer verordneter hoch löblicher Regierung in der untern Pfalz, den 6. Aprilis Anno 1628 als der katholische Glauben wiederumb eingeführet worden ist aufgerichtet. Münsterus in Historia von Ingelheim des heilig. römisch. Reichs Thal. fol. DCLXXXIX.

Den Ort, wo die Küche vor alters gestanden, will man dadurch entdeckt haben, daß sehr viele Tierknochen, besonders wilde Schweinszähne, in dem nächsten Graben entdeckt worden. Während der französischen Herrschaft hat man verschiedene Nachsuchungen getan; auch wurden einige Säulen nach Paris geschafft.

Neuerlich ward bei Gelegenheit des großen Chausseebaues Ingelheim vortrefflich gepflastert, das Posthaus gut eingerichtet. Frau Glöckle nennt sich die Postmeisterin, jetzt von Reisenden, besonders Engländern und Engländerinnen, fleißig besucht.

Bei dunkler Nacht gelangten wir auf der Fähre, zwar nicht ohne Unbilden, aber doch glücklich nach Hause.

Den 5. September

fuhren wir im Wagen nach Rüdesheim, sodann im Kahne, bei einem starken stromaufwärtswehenden Winde, nach Bingen hinüber; die Fähre brachte den Wagen nach.

Spaziergang am Ufer, Gips aufgeladen, viel mit grauem Ton vermischt. Woher derselbe kommen mag? Spaziergang durch die Stadt, im Gasthaus zum Weißen Roß eingekehrt. Melancholische Wirtin, mit seltsamem Bewußtsein ihres Zustandes. Nach guter und wohlfeiler Bewirtung fuhren wir den Rochusberg hinauf, an den verfallenen Stationen vorbei. Die Rochuskapelle fanden wir offen. Der Mann, der die Wiederherstellung besorgt hatte, war gegenwärtig, froh über sein Werk, das auch wirklich für gelungen gelten kann. Man hat die Kirchenmauern erhöht, so viel als nötig, um dem Hauptaltar von Eibingen gehörigen Raum zu verschaffen. Der Transport kostete nichts, denn die von Bingen hatten alles von drüben herab und hüben herauf getragen, die Schiffer gleichfalls ohne Lohn gefahren. Dadurch war das einzelne wohlerhalten geblieben und nur einiges zu reparieren nötig.

Man beschäftigte sich eben die Orgel aufzustellen. Als wir denjenigen, den wir für den Meister hielten, nach der Güte der Orgel fragten, erwiderte er mit Bedeutsamkeit: Es ist eine weiche Orgel, eine Nonnenorgel! Man ließ uns einige Register hören, sie waren für den Umfang der Kapelle stark genug.

Nun wendeten wir uns zu der niemals genug zu schauenden Aussicht und untersuchten sodann das Gestein. Auf der Höhe besteht es aus einem dem Tonschiefer verwandten Quarz, am Fuße gegen Kempten aus einer Art Totliegendem, welches aus scharfkantigen Quarzstücken, fast ohne Bindungsmittel besteht. Es ist äußerst fest und hat außen durch die Witterung den bekannten Chalcedonüberzug erlangt. Es wird billig unter die Urbrekzien gerechnet.

Wir fuhren durch die Weinberge hinabwärts, ließen Kempten links und gelangten auf die neue vortreffliche Chaussee, an deren beiden Seiten ein leicht zu bearbeitender Boden gesehen wird. Da wir nach Oberingelheim verlangten, so verließen wir die Straße und fuhren rechts auf einem sandigen Boden durch junge Kiefernwäldchen; sanfte Anhöhen zeigten schon besseres Erdreich; endlich trafen wir Weinberge und gelangten nach Oberingelheim. Dieses Örtchen liegt an einer Anhöhe, an deren Fuß ein Wasser, die Selz genannt, hinfließt. In dem reinlichen wohlgepflasterten Orte sind wenig Menschen zu sehen. Zu oberst liegt ein altes, durchaus verfallenes Schloß, in dessen Bezirk eine noch gebrauchte, aber schlecht erhaltene Kirche. Zur Revolutionszeit meißelte man die Wappen von den Rittergräbern. Uralte Glasscheiben brechen nach und nach selbst zusammen. Die Kirche ist protestantisch.

Ein wunderbarer Gebrauch war zu bemerken. Auf den Häuptern der steinernen Ritterkolossen sah man bunte, lichte Kronen von

Draht, Papier und Band, turmartig zusammengeflochten. Dergleichen standen auch auf Gesimsen, große beschriebene Papierherzen daran gehängt. Wir erfuhren, daß es zum Andenken verstorbener unverheirateter Personen geschehe. Diese Totengedächtnisse waren der einzige Schmuck des Gebäudes.

Wir begaben uns in ein Weinhaus und fanden einen alten Wirt, der, ungeachtet seines kurzen Atems, uns von guten und bösen Zeiten zu unterhalten nicht ermangelte. Die beiden Ingelheime gehörten zu einem Landesstrich, den man die acht Ortschaften nannte, welche seit uralten Zeiten große Privilegien genossen. Die Abgaben waren gering, bei schöner Fruchtbarkeit. Unter französischer Botmäßigkeit hatte man große Lasten zu tragen.

Man baute sonst hier nur weißen Wein, nachher aber, in Nachahmung und Nacheiferung von Assmannshausen, auch roten; man rühmte dessen Vorzüge, ob man uns gleich mit keinem roten Elfer mehr dienen konnte; wir ließen uns daher den weißen genannten Jahres wohl schmecken.

Als wir nach Weinheim zurück ans Ufer kamen und nach einem Kahn verlangten, erboten sich zwei Knaben, uns überzufahren. Man zeigte einiges Mißtrauen gegen ihre Jugend, sie versicherten aber besser zu sein als die Alten, auch brachten sie uns schnell und glücklich ans andere Ufer.

Den 6. September

Auf einem Spaziergange, bei Gelegenheit daß eine Mauer errichtet wurde, erfuhr ich, daß der Kalkstein, welcher fast ganz aus kleinen Schnecken besteht, an den jenseitigen Höhen und mehreren Orten gebrochen werde. Da diese Schnecken, nach der neusten Überzeugung, Ausgeburten des süßen Wassers sind, so wird die ehemalige Restagnation des Flusses zu einem großen See immer anschaulicher.

Mann zeigte mir am Rheine zwischen einem Weidicht den Ort, wo Fräulein von Günderode sich entleibt. Die Erzählung dieser Katastrophe an Ort und Stelle, von Personen, welche in der Nähe gewesen und teil genommen, gab das unangenehme Gefühl, was ein tragisches Lokal jederzeit erregt. Wie man Eger nicht betreten kann, ohne daß die Geister Wallensteins und seiner Gefährten uns umschweben.

Von diesen tragischen Gefühlen wurden wir befreit, indem wir uns nach den Gewerben des Lebens erkundigen.

Gerberei. Der Stockausschlag eines abgetriebenen Eichenbusches braucht dreizehn bis vierzehn Jahre; dann werden die jungen Eichen geschält, entweder am Stamme, oder schon umgeschlagen, dies muß im Safte geschehen. Diese Schale wird von fernen Orten hergeholt, vom Neckar über Heidelberg, von Trier und so weiter. Die Wasserfahrt erleichtert das Geschäft. Mühlen zum Kleinmahlen der Lohe. Häute, die nordamerikanischen, kommen während der letzten Zeit immer über Frankreich. Behandlung der Häute, Zeit des Garwerdens.

Weinbau. Mühe dabei. Vorteile, Gewinn, Verlust. Anno 1811 wurden in Winkel achthundert Stück Wein gebaut. Großer Ertrag des Zehnten. Die Güte des Weins hängt von der Lage ab, aber auch von der spätern Lese. Hierüber liegen die Armen und Reichen beständig im Streite; jene wollen viel, diese guten Wein. Man behauptet, es gebe um den Johannisberg bessere Lagen; weil aber jener, als eingeschlossener Bezirk, seine Weinlese ungehindert verspäten könne, daher komme die größere Güte des Erzeugnisses. In den Gemeindebezirken werden die Weinberge einige Zeit vor der Lese geschlossen, auch der Eigentümer darf nicht hinein. Will er Trauben, so muß er einen verpflichteten Mann zum Zeugen rufen.

Und so hätten wir denn abermals mit dem glücklichen Rundworte geschlossen:

Am Rhein! Am Rhein!
Da wachsen unsre Reben!“[45]

Goethes zweite Reise in den Rheingau 1815

Am 27. Mai 1815 kommt Goethe in Wiesbaden an. Man steigt im vertrauten Hotel Bär ab und wundert sich, wie sehr die Unterkunft durch Umbauten verändert worden ist. Wieder ist der Diener Carl Stadelmann dabei. Diesmal schreibt er ein eigenes Tagebuch, wohl angespornt von Goethe, der eine gute Meinung von ihm hat. Die Umstände aber hatten sich verändert. Napoleon hatte am 1. März 1815 die Insel Elba verlassen, am 20. März war er in Paris eingezogen. Goethe zögerte zunächst, abermals nach Wiesbaden zur Kur zu fahren, entscheidet sich am 10. Mai aber, trotz erheblicher Zweifel und wegen seiner „Krankhaftigkeit“, zu reisen. Wieder ist das *Divan*-Projekt sein

45 Johann Wolfgang Goethe: Im Rheingau Herbsttage. Supplement des Rochus-Festes 1814. In: Ders.: Sämtliche Werke (Züricher Ausgabe) in 18 Bänden. Band 12. Biographische Einzelschriften, a.a.O., S. 498-510.

Begleiter, wieder wird im eigenen Reisewagen mit Kutscher Barth gefahren. Und abermals fördern der Kutschenrhythmus und die Aussicht auf gute Tage in der Kur seine poetische Produktivität. An Christiane schreibt er am 24. Mai, noch aus Eisenach, ihn hätten „unterwegs sogleich die guten Geister des Orients besucht und mancherley gutes eingegeben, wovon vieles auf das Papier gebracht“[46] worden sei und gleich nach der Ankunft in Wiesbaden meldet er, der *Divan* sei mit „18 Assessoren“[47] vermehrt worden, worunter Gedichte oder Entwürfe zu verstehen sind. Wie im Vorjahr entsteht gleich am ersten Tag der Kur ein besonders schönes *Divan*-Gedicht:

„Dir mit Wohlgeruch zu kosen,
Deine Freuden zu erhöhn,
Knospend müssen tausend Rosen
Erst in Gluten untergehn.
Um ein Fläschchen zu besitzen,
Das den Ruch auf ewig hält,
Schlank wie deine Fingerspitzen,
Da bedarf es einer Welt.
Einer Welt von Lebenstrieben,
Die in ihrer Fülle Drang
Ahndeten schon Bulbuls Lieben,
Seeleregenden Gesang.
Sollte jene Qual uns quälen,
Da sie unsre Lust vermehrt?
Hat nicht Myriaden Seelen
Timurs Herrschaft aufgezehrt?“[48]

Wiesbaden ist für den *West-östlichen Divan* von enormer Bedeutung. Gleich am 30. Mai sichtet Goethe die bisher entstandenen Gedichte des *Divan* und kommt dabei auf 100 „Stücke“, die er unter dem Namen „Des deutschen Divans mannigfaltige Glieder“[49] ordnet. Die Aufstel-

46 Goethes Werke. Herausgeben im Auftrage der Großherzogin Sophie von Sachsen. IV. Abt. Goethes Briefe. 26. Bd. Weimar 1902, S. 1.

47 Ebenda, S. 2.

48 West-östlicher Divan (Hamburger Ausgabe), a.a.O., S. 61. Das Gedicht ist in der Ausgabe von 1819 im „Buch des Timur“ (7. Buch) mit „An Suleika“ überschrieben. Bulbull ist der persische Name der Nachtigall, die Liebe zwischen Rose und Nachtigall begegnet in der persischen Dichtung häufig.

49 Vgl. Katharina Mommsen: West-östlicher Divan, a.a.O., S. 195 ff.

lung trägt seitdem bei Goethe und in der Forschung den Namen „das Wiesbadener Register". Zwar wird schon ein Zyklus erkennbar, die Einteilung in „Bücher" aber existiert noch nicht.

Es bereitet ein spezielles Vergnügen, parallel zu Goethes Aufzeichnungen und Briefen aus Wiesbaden das kurze Tagebuch des Dieners Stadelmann zu lesen. Zum 28. August 1912 brachte der berühmte Verleger und Goethe-Sammler Anton Kippenberg die Briefe heraus, die Carl Stadelmann aus Jena im Jahr 1817 geschrieben hatte. Das war die erste Publikation der von Kippenberg und anderen gegründeten Stadelmann-Gesellschaft. Zehn Jahre später gab der Verleger, wieder zu Goethes Geburtstag, Stadelmanns *Tagebuch von seiner Reise mit Goethe nach Wiesbaden im Sommer 1815*[50] heraus.

Die 37 Seiten dieses einzigartigen Dokuments ergänzen Goethes Reflexionen und Berichte auf spannende, durchaus auch kritische Weise. Am 26. Mai 1815 morgens um 5 Uhr auf dem Weg von Fulda nach Neuhof. Goethe arbeitet wahrscheinlich am *Divan*, Stadelmann macht sich Gedanken, „denn während man auf der Fahrt von einer Station zur andern nichts zu thun hat, so muß man sich wenigstens mit Denken beschäftigen. Der Bauer und der Fürst lebt; der Bauer bei schwarzem Brod und Wasser, im Schweiße seines Angesichts; der Fürst bei den köstlichsten zubereiteten Speisen und Getränken, welche er im kühlen Zimmer oder in wohlgeheizten Stuben in Ruhe und der angenehmsten Unterhaltung verzehrt; und beide wünschen sich noch mehr! – Dem Bauer wäre es nicht zu verdenken, wenn er sich ein etwas bequemeres Leben wünscht, aber der Fürst, der von einem Vergnügen zu dem andern fliegt, dem Alles erfüllt wird, was er befiehlt, was bleibt dem zu wünschen übrig? – (...) und sollte es weiter nichts seyn als Vergrößerung seiner Länder, seiner Würde und seiner Titel"[51].

Das Kurleben mit Anwendungen, Ausflügen, Besuchen und Arbeit, etwa an der *Italienischen Reise* und am *Divan*, vergeht im geordneten Takt bekömmlicher Geschäftigkeit. Stadelmann notiert: „Der Tag verging fast wie der gestrige mit Schreiben. Milch und Schwefelwassertrinken (vom Faulbrunnen) und Baden. Am Abend kam der Herr Oberbergrath Cramer wie gewöhnlich, um den Herrn zum Spazierengehen abzuholen. Ich habe bis Abend 8 Uhr geschrieben und mehrere Kleinigkeiten besorgt."[52]

50 Stadelmanns Glück und Ende. Schriften der Stadelmann-Gesellschaft. Vierter Band. Hg. von Anton Kippenberg, Weimar 1922.

51 Ebenda, S. 15.

Am 15. Juni unterschreibt Goethe den von Cotta geschickten Vertrag über die neue 20bändige Ausgabe seiner Werke, die dann von 1815 bis 1819 erscheint. Dafür wird ihm mit 16 000 Talern das höchste Honorar zugesichert, das ein Autor bis dahin bekommen hat. In der zweiten Junihälfte platzt die Weltpolitik in die Wiesbadener Kur-Idylle. Napoleon ist bis in die Nähe von Brüssel vorgerückt, preußische Truppen sammeln sich in Wiesbaden, verängstigte Badegäste planen die Abreise. Am 18. Juni wird Napoleon bei Waterloo dann endgültig geschlagen, zunächst aber erreicht Wiesbaden die Nachricht, er habe gesiegt. Goethe wird allgemein als eine Art Weltweiser betrachtet, den man von höchsten Seiten über die dramatischen Entwicklungen informiert. So setzt ihn der weimarische Hauptmann von Luck über das Schicksal des Prinzen Bernhard von Weimar in Kenntnis, der mit den nassauischen Truppen an der Schlacht von Waterloo teilgenommen hat und unverletzt geblieben ist. Goethe nimmt seit je an Napoleons Schicksal regen Anteil. Jetzt muss er sich mit dem Ende des Kaisers auseinandersetzen.

Bei der zweiten Wiesbadener Kur steigt Goethes Unternehmungslust. Es geht sehr oft zum Geisberg, nach Klarenthal zur Papiermühle, zur Klostermühle und zum Nürnberger Hof nach Frauenstein. Der Geisberg und der Nürnberger Hof sind auf zweierlei Weise in Goethes Nachleben eingegangen. Auf dem Geisberg suchte Goethe Anregungen für die Schenkenlieder des *West-östlichen Divan*, auf dem Weg zum Nürnberger Hof hat sich die ein wenig alberne Szene mit der 17jährigen Philippine Lade abgespielt. Sie wird hier kommentarlos dem zuverlässigen Büchlein *Goethe in Wiesbaden und am Rhein* von Albert Schaefer entnommen:

„Auf einer Landpartie mußte Fräulein Lade wieder neben ihm im Wagen sitzen, und da sie später eine Skizze nach der Natur machte, wünschte er diese zu sehen und fing an zu kritisieren: ‚Ach! Sie können alles bessermachen als ich‘, rief sie, nahm ihm das Blatt aus der Hand und zerriß es, wahrscheinlich ein wenig gereizt. ‚Aber eins kann ich, was Sie doch nicht können‘ – und damit lief sie rasch einen steilen Weinberg hinan, und Goethe folgte ihr nach. Auf der Höhe aber stolperte er und fiel an dem steilen Abhang zu Boden. Mit beiden Händen klammerte er sich an, bis auf des jungen Mädchens Geschrei einige Herren aus der Gesellschaft herbeieilten und ihn aus der gefährlichen Lage befreiten. Fräulein Lade zerfloß in Tränen. Goethe aber lachte und suchte sie zu beruhigen.“[53]

---

52 Ebenda, S. 35.

53 Zit. n. Albert Schaefer, a.a.O., S. 72 f.

Der 1932 errichtete
Goethestein
in Wiesbaden-
Frauenstein.

An des Dichters Fall erinnert als spitz nach oben verlaufende Pyramide der Goethestein in Wiesbaden-Frauenstein, der eine Sentenz Goethes verkörpert: „Diese Begierde, die Pyramide meines Daseyns, deren Basis mir angegeben und gegründet ist, so hoch als möglich in die Luft zu spizzen, überwiegt alles andre und lässt kaum Augenblickliches Vergessen zu.“[54]

Ein Rundgang *Auf Goethes Spuren. Weite Rundblicke in frischer Luft* führt in Frauenstein u. a. zur Burgruine, zum Goethestein und zur Gaststätte Nürnberger Hof durch Obstwiesen und Weinberge.[55]

Am 19. Juli wurde Goethe auf Schloss Johannisberg gebeten. An diesem Tag ging das Anwesen nach den Wiener Verträgen in das Eigentum des österreichischen Kaisers über. Dort informierte ihn der Freiherr von Hügel, Kaiserlich Österreichischer Gesandter und Minister, darüber, dass der Kaiser ihn zum Commandeur des Leopoldordens zu ernennen gedenke. Der Orden wurde an Goethe am 1. August 1815 im Wiesbadener Kursaal überreicht. Im Jahr darauf schenkte der Kaiser Schloss Johannisberg dem Fürsten Metternich für seine Verdienste um den Wiener Kongress.

Detail am Goethestein

Die zweite Wiesbadener Kur war abgeschlossen. Nun folgte ein eigentlich nicht vorgesehenes Projekt, das aber in den Umkreis der Besuche in Wiesbaden und Rheingau gehört. Vor allem gehört es zur „kulturellen Neuordnung“ der vor Napoleons Niederlage von Frankreich besetzten oder beherrschten deutschen Gebiete. Goethe wurde auch von den preußischen Reformkräften für diesen Neubeginn umworben. So hatte ihn am 9. Juli der Freiherr vom Stein in Wiesbaden aufgesucht, um sich seiner Mitwirkung zu vergewissern. Tatsächlich kehrte der allseits begehrte Kurgast nach den 21 vorgesehenen Bädern nicht nach Weimar zurück, sondern begab sich auf Einladung des Herrn vom Stein mit ihm auf eine Inspektionsreise der markantesten Vorposten mittelalterlicher Kultur am Rhein, die auch in den napoleonischen Kriegen arg gelitten hatten. Seine Kur war beendet, nun mussten die weithin sichtbaren Kriegswunden geheilt werden. Sulpiz Boisserée hatte Goethe schon seit längerem

54 Brief Goethes an Johann Caspar Lavater vom 20. September 1780. In: Goethes Werke. Herausgegeben im Auftrage der Großherzogin Sophie von Sachsen. IV. Abt. Goethes Briefe. 4. Band. Weimar 1889, S. 299.

55 Vgl. Hartmann Wunderer: Auf Goethes Spuren: Weite Rundblicke in frischer Luft. In: Geschichtswerkstatt Wiesbaden e. V. (Hg.): Wiesbaden und Rheingau zu Fuß. Wiesbaden 2009, S. 213-215.

Schloss Johannisberg

nachdrücklich den verkümmerten Kölner Dom und die Werke der mittelalterlichen Kölner Maler ans Herz gelegt. Nun endlich ging die Reise in die Domstadt. Ohne das beharrliche Engagement von Sulpiz Boisserée und neuerdings Goethe wäre der Kölner Domchor wohl abgerissen worden. Jetzt standen die Zeichen auf Wiedergeburt und Goethe wurde zum prominenten Wiedergeburtshelfer. Mit Boisserée hatte er einen jungen Freund gewonnen, dem er anhaltend vertraute und der jetzt, im Spätsommer 1815, zum inspirierenden Kompagnon wurde. Goethe in Wiesbaden, auf Schloss Johannisberg, noch immer seinem Weinparadies Rheingau kräftig zugewandt, war während der Verlängerung des Kuraufenthalts zum tatkräftigen Beförderer der nationalen Kultur geworden. Vor allem aber schrieb er weiter am *West-östlichen Divan.* Im August machte er Boissereé mit „seinem" Orient vertraut. Gemeinsam wanderten sie des öfteren zum Geisberg, um Material für die Schenkenlieder zu bekommen.

Der mürrische Wirt bekam im *Schenkenbuch des Divan* ein passendes Denkmal:

Titelseite der Erstausgabe des West-östlichen Divans, 1819

„Setze mir nicht, du Grobian,
Mir den Krug so derb vor die Nase!
Wer mir Wein bringt, sehe mich freundlich an,
Sonst trübt sich der Eilfer im Glase."[56]

Der Dichter las Boisserée auch aus dem berühmten Gedicht *Sommernacht* die ersten Verse vor, die Goethe im *Schenkenbuch* dem „Dichter" in den Mund legt:

„Niedergangen ist die Sonne,
Doch im Westen glänzt es immer;
Wissen möcht' ich wohl, wie lange
Dauert noch der goldne Schimmer?"[57]

56 West-östlicher Divan (Hamburger Ausgabe), a.a.O., S. 91.

57 Ebenda, S. 97.

Marianne von Willemer
(1784 – 1860)

Neben dem *Divan* steht die Arbeit an der Denkschrift über die Kunstdenkmäler in den Rheinlanden, um die der Freiherr vom Stein Goethe gebeten hatte. Am 4. August notiert Boisserée im Tagebuch zur Denkschrift: „Heute habe ich den Bericht angefangen. Goethe hat ihn auch angefangen und, wie er sich ausdrückt, hat der hl. Geist ihm offenbart, daß wir die Entwürfe hier fertig machen, damit wir noch 8 Tage hier bleiben müssen.“[58]

Am 11. August nimmt Goethe Abschied von Wiesbaden und vom Rheingau. Boisserée bleibt mit ihm bis zum 10. Oktober in Frankfurt, wo er auch an der Denkschrift weiterarbeitet. Dort und in der Gerbermühle ist er nicht selten mit Marianne von Willemer zusammen. Sein 66. Geburtstag wird wunderbar in der Gerbermühle gefeiert. Der Hausherr von Willemer holt einen „Eilfer“ aus dem Keller. Am 12. September schreibt Goethe das erste Gedicht auf Marianne, sie antwortet mit einem Gedicht, und aus diesem poetischen Dialog wird Weltliteratur. Am 15. September schreibt Goethe die erste Strophe des *Gingo Biloba:*

„Dieses Baums Blatt, der von Osten
Meinem Garten anvertraut,
Gibt geheimen Sinn zu kosten,
Wie's den Wissenden erbaut.“[59]

Am 18. September verlässt Goethe mit Boisserée Frankfurt, um für drei Wochen in Heidelberg zu bleiben. Dort trifft er für drei Tage ein letztes Mal Marianne. Am 7. Oktober in aller Frühe macht er sich auf den Weg nach Weimar. In Meiningen verfasst er einen „Chiffrenbrief“ an Marianne, der für sie nach der Übersetzung eines Hafis-Gedichts von Hammer-Purgstall folgende tröstlichen Worte offenbart:

„Mein Herz, geduldig trage alles,
Betrübe dich nicht, weil
Zuletzt aus diesem Abend Morgen,
Und Licht aus dem Schatten wird.“[60]

58 Zit. n. Albert Schaefer, a.a.O., S. 86.

59 West-östlicher Divan (Hamburger Ausgabe), a.a.O., S. 66.

60 Zit. n. Albert Schaefer, a.a.O., S. 95.

Den traurigen Abschied für immer von Marianne und Frankfurt verarbeitet Goethe mit der ersten Fassung des *Loblieds auf den Eilfer* noch in Meiningen. Aber diese Verarbeitung trägt deutliche Spuren eines ziemlich übertriebenen Weingenusses. Zwar drehen sich alle 54 Verse um den Eilfer und um Hafis, aber die Drehung verdankt sich eher einem Rausch als poetischem Kalkül. Es ist hier von der „Tagseite" des Rheingaus die Rede, wo der Eilfer verherrlicht werde. Er, Goethe, sieht sich am Abend dieses 15. Oktober 1815 nach dem endgültigen Abschied von Marianne auf der „Nachtseite", wohl, weil er „unbesonnen" zu viel vom Eilfer getrunken habe. Goethe sortiert seine Reisen in den Rheingau. Den Rausch der Zeit mit Marianne verdammt er nicht, aber er bittet seinen liebsten Helfer Hafis und das erprobte Heilmittel Eilfer um die Rückkehr des rechten Maßes. Die Kutsche fährt weiter. Nach Weimar. Eine dritte Reise zur Kur in den Rheingau im Jahr darauf entfällt, vor allem, weil am 20. Juli 1816, kurz vor Münchenholzen, eine Achse am Reisewagen bricht. Am 6. Juni 1816 war Goethes Frau Christiane gestorben.

Die drei Texte, die Goethe im Zusammenhang mit den Rheingaureisen geschrieben hat, brachte er schließlich in die schönste Ordnung. 1816 erschien das erste Heft der von Goethe bis zu seinem Lebensende herausgegebenen Zeitschrift *Über Kunst und Altertum in den Rhein und Mayn Gegenden* bei Cotta. So hieß auch die, das erste Heft ausfüllende, Denkschrift. Darin finden sich Kapitel auch über Frankfurt, Wiesbaden und Biebrich. Im zweiten Heft ist das *Sankt-Rochus-Fest zu Bingen* abgedruckt, im dritten *Im Rheingau Herbsttage.*

Die Erfindung einer Landschaft: Der romantische Rhein

„Den Rhein hat die Romantik eigentlich entdeckt, ja man kann sagen, geschaffen. Es gibt kaum ein besseres Beispiel für die Übermacht der Phantasie: man vergleiche den Rhein wie er ist mit der Vorstellung, die man im Allgemeinen, sogar im Auslande, von ihm hat, nicht nur bevor man ihn, sogar wenn man ihn gesehen hat."

Ricarda Huch: *Blütezeit der Romantik*

Rheinromantik. Das ist ein großes Wort. Es ist aber auch eine riesige Schachtel, in die Unmengen von unterschiedlichen Definitionen, Meinungen, Gefühlen, Marketinghymnen hineinpassen. Wir lassen hier die Texte sprechen, ohne dass wir uns um literaturwissenschaftliche Correctness bemühen. Es besteht kaum ein Zweifel daran, dass Clemens Brentano und Achim von Arnim Schlüsseltexte der Rheinromantik verfasst haben, dass ihre Rheinreise im Juli 1802 mitten hinein führte in eine Poetisierung der Landschaft, wozu nicht nur der Fluss gehörte. Auch die Ufer, der Wein, die Burgen, ein erträumtes deutsches Mittelalter und ganz besonders ein Sammelprojekt. Dass *Des Knaben Wunderhorn* neben den *Kinder- und Hausmärchen* der Brüder Grimm zum haltbarsten und wirkungsmächtigsten Kompendium der romantischen Literatur werden sollte, konnte erst einmal niemand ahnen. Das Sammelwerk von Clemens Brentano und Achim von Arnim wurde bei dieser Reise beschlossen und begonnen. Wie der Rhein zu einem Mischgebilde aus Landschaft und Geschichte wurde, wie er für politische Träume und Zwecke mit seltsamen Mythen, Freiheitswünschen oder nationalistischen Misstönen belehnt wurde, stellen wir im Kapitel über den „politischen Rhein" dar. Hier geht es um den poetischen Fluss, um die Verwandlung von Landschaft in Literatur, die Entstehung der Literaturlandschaft Rheingau. In letzter Zeit wurde deutlich gemacht, welch große Bedeutung neben dem Rhein dem Niederwald mit dem Ostein'schen Park bei der Entstehung der romantischen Literaturlandschaft Rheingau zukommt. Clemens Brentano hat mit seinem Buch *Godwi oder Das steinerne Bild der Mutter – Ein verwilderter Roman* daran den größten Anteil. Die Einwanderung der Literatur in den Rheingau mit einer Poetisierung der Landschaft beginnt aber sehr viel früher und sie reicht weit über Brentano und von Arnim hinaus. Mit einer Reihe von Textauszügen wollen wir die Vorgeschichte ebenso sichtbar machen wie die Nachwirkungen.

Eine Rheinfahrt nach Köln mit viel Gefühl. Von einem anonymen Autor

Ganz anders als die naturwissenschaftlich, künstlerisch-antiquarisch oder ökonomisch-politisch klingenden Reisebeschreibungen der Aufklärung hört sich der Text eines anonymen Autors an, der 1779 in der Berliner *Litteratur- und Theater-Zeitung* erschien und kaum bekannt ist.[61]

Die Rheinlandschaft wird hier in emphatischen bis hymnischen Tönen gefeiert. Hinzu kommt eine an Rousseau geschulte Naturverherrlichung, der sehr deutsche Untertöne aufweist und einem hochgestimmten Freundschaftskult huldigt. Offenbar beginnt die nach Köln führende Reise in Mainz. Leider wird dem Rheingau wenig Aufmerksamkeit gezollt. Wir begleiten den anonymen, von Schwärmerei geradezu betrunkenen Rheinreisenden aber ein Stück über Rüdesheim hinaus, um die Wirkung dieses seltenen Textdokuments, eines „Fragments aus Briefen", nicht zu verfehlen.

„Unser Vorsatz war, diese Fahrt mit fühlender Aufmerksamkeit auf jede einzelne Schönheit der Natur, mit mehr als Pilgrimandacht zu vollenden. Unser Auge zu weiden, unser Herz zu füllen mit Himmelsgefühlen, mit Natur, Vortrefflichkeit, Unverderbtheit, Kraft, Allmacht! – Das Wetter war das herrlichste! Kein trübes Wölkchen verdarb uns die köstlichen Aussichten, die blühende, grünende Natur im bräutlichen Schmuck! – Alles festlich, freudig, alles Fülle des Segens strömend! – Bilder der Glückseligkeit! – Wir paßirten das sogenannte Bingerloch ohn' merkwürdiges Ereigniß. Wir tranken von dem herrlichen Weine des gegenüberliegenden Orts Riedesheim, und sangen Eins von Ramlers Liedern. (...) Nun schwammen wir in das Gebürge. Auf beyden Seiten umschließen sie die Ufer des Rheins, und streben empor in's blauigte Dunkel des Himmels! – Hie und da bewachsen mit Stauden und Reistern der Wildniß, dort mit schroffen Felsen bela-

61 Wir verdanken den Text wie auch viele andere Hinweise in diesem Kapitel der Monografie von Jörg-Ulrich Fechner: Erfahrene und erfundene Landschaft. Aurelio de' Giorgi Bertòlas Deutschlandbild und die Begründung der Rheinromantik. Opladen 1974, hier S. 117-119.

den, hier begrabene Klüfte durch Regengüsse. – Unsere Unterhaltung wurde nach und nach ernsthafter. In der Mitte dieser Schlünde, dieser keuchenden drohenden Gebirge – – Die arbeitenden Ruder des Schiffes hallten in den Felsen, und das Echo scholl fürchterlich viel Worte unserer Stimme vernehmlich nach. Wir erblickten auf den Bergen verfallne, zerstörte Schlösser, die so lange unüberwindlich der Vergangenheit getrotzt hatten, und noch! Ehrfurcht fühlten wir, wie bey irgend einem heiligen Orte, bey diesen Trümmern aus den Biederzeiten, – verloren uns in Betrachtungen, und der Geist des Jahrhunderts schwebte auf uns herab! – – So mild, so sanft fühlten wir seine Gegenwart, so erquickend; er redte zu unsern Herzen – – Unsre Fantasien wurden schweifender, glühender; tausend Empfindungen und Wünsche stiegen in uns auf, Bilder der Vergangenheit reihten sich in unsre Gedanken. – – Unsre Schlösser waren bewohnt, standen sicher in der Biederpracht ihrer Zeiten, im Heldenlüster, fest und stark vor unsern Sinnen da. – Der Nachbar fürchtete ein Dorn in seinen Augen. – – Wir traten in die großen Säle. – Die gepanzerten, bärtigen Helden in der Heldenrauheit, im Biedertreuheitsblicke, hingen an den Wänden. Ihr Ansehn war stark wie ihr Muth; – – Aechte Kinder der Natur, keine Ausartung seit Sekuln [= Jahrhunderten, d. A.], in der langen Reihe kein hektischer Wollüstling, wie die Stammhalter unsrer jetzigen Ahnenschaften! – Stühle und Bett und Kämmerlein, wie innig, wie heimlich wie vertraut und bequem, und doch wie weit entfernt von Weichlichkeit! – Der eingeschränkte Kreis der Bedürfnisse! – Wie köstlich die Ruhe hier, und das Mahl nach der Jagd in fernen Thälern – nach erfochtnem Siege; die Biedermänner versammelt, einander dankend, Heldengespräche führend! – Und diese weiblichen, herrlichen Geschöpfe, so gut und treu und keusch – kein Buhlblick, kein Romangefühl – edle Deutsche Herzen, mit still starken, liebenden Gefühlen! Pflegerinnen der Edlen, die häuslichen Freuden schaffend. (...)

Wir erwachten von diesen unsern süßen Schwärmereyen, Hand in Hand. – Mein Freund V... lag in meinen Armen. – Wir vermißten unsern edlen P... und meinen Bruder und unsern Heinrich. Zu Asmannshausen fuhren wir ans Land, füllten unsre Krüge von diesem weltberühmten Weine, und hatten uns entschlossen, eine Wanderschaft auf eins der nahen Schlösser zu machen, da näher den heiligen Wohnstädten, uns ganz in diese Zeiten hineinzuphantasiren, und unsere Wallfahrt mit Absingung einer Ballade, die das Gepräge dieser Zeiten trägt, zu vollenden. Unsre Schiffer widersetzten sich unserm Vorhaben, da sie dies zu lange in ihrer Reise aufgehalten hätte."

Heinrich Heine
(1797 – 1857)

„Gott sei Dank" möchte man sagen, und sehr viel länger hielte man dieses affektierte Geraune nicht aus. Allerdings gehören solche Töne zu einem nicht wenig verbreiteten Empfindungskitsch, der sich mit Vorliebe wie Nebel auf den Rhein legte. Romantik ohne Reflexion rutscht leicht ab in solche Sümpfe, wo die Frösche Heldenlieder singen. Sie blieben dem Rheingau wahrlich nicht erspart.

Die in diesem Kapitel versammelten Textauszüge werden von Gedichten unterbrochen. Gewiss war die Rheinromantik keine rein prosaische Angelegenheit. Es wird dabei keine chronologische Reihenfolge eingehalten. Heinrich Heine scheint uns hier gut platziert. Er war ein Meister der Kritik inniger Gefühle, die schlecht ausgedrückt wurden. Selbst beherrschte er einen leicht aufgerauten romantischen Ton, der auf dem Weg zum Herzen nicht selten einen eleganten Umweg über das Hirn machte.

Heinrich Heine: Berg' und Burgen schaun herunter

„Berg' und Burgen schaun herunter
In den spiegelhellen Rhein,
Und mein Schiffchen segelt munter,
Rings umglänzt von Sonnenschein.
Ruhig seh ich zu dem Spiele
Goldner Wellen, kraus bewegt;
Still erwachen die Gefühle,
Die ich tief im Busen hegt'.
Freundlich grüßend und verheißend
Lockt hinab des Stromes Pracht;
Doch ich kenn ihn, oben gleißend,
Birgt sein Innres Tod und Nacht.
Oben Lust, im Busen Tücken,
Strom, du bist der Liebsten Bild!
Die kann auch so freundlich nicken,
Lächelt auch so fromm und mild.[62]

Für die Lektüre dieses Gedichtes und vieler anderer von Heinrich Heine über den Rhein (ruhig auch das unsterbliche *Ich weiß nicht, was soll es bedeuten ...*) eignet sich vorzüglich Schloss Johannisberg,

62 Heinrich Heine: Lieder VII. In: Ders.: Sämtliche Schriften. Hg. von Klaus Briegleb. Band 1: Schriften 1817–1840. Frankfurt am Main u. a. 1981, S. 41.

zum Beispiel der schön gepflasterte Platz neben dem Denkmal für den Spätlesereiter. Auch, weil man praktischerweise den dort produzierten Wein trinken kann. In den *Reisebildern* bemerkte Heine: „Mon dieu! wenn ich doch so viel Glauben in mir hätte, daß ich Berge versetzen könnte – der Johannisberg wäre just derjenige Berg, den ich mir überall nachkommen ließe.“[63]

Standbild des Spätlesereiters im Innenhof des Schlosses Johannisberg

Schon fast ein halbes Jahrhundert vorher war in Zürich ein Reisebuch herausgekommen, das mit dem pseudoempfindsamen Schnickschnack des unbekannten Rheinreisenden nichts gemein hatte. In erster Auflage erschienen die *Briefe eines reisenden Franzosen* 1783, in der zweiten, „beträchtlich vermehrten“ ein Jahr später. Rasch wurde

63 Heinrich Heine: Reisebilder. Zweiter Teil. Ideen. Das Buch Le Grand. In: Ders.: Sämtliche Schriften. Band 3: Schriften 1822–1831. Hg. von Günter Häntzschel, a.a.O., S. 257f.

bekannt, dass es sich beim Autor keinesfalls um einen Franzosen handelte, sondern um den aus Höchst stammenden Johann Kaspar Riesbeck. Er wurde am 12. Januar 1754 als Sohn eines Webers und Schnupftuchfabrikanten geboren, studierte als Vorbereitung des für ihn vom Vater bestimmten höheren Verwaltungsdienstes ab 1768 in Mainz, wo er bald in erste Berührungen mit aufklärerischen Strömungen seiner Zeit kam. Wegen angeblicher „Temperamentshitze" – er prügelte sich mit einem Domherrn wegen einer Frau – musste er Mainz verlassen. Er ging nach Wien, arbeitete als Übersetzer und Schauspieler und führte die zunächst anonym erschienenen antiklerikalen *Briefe über das Mönchswesen* zu Ende, die zwischen 1771 und 1781 in Zürich erschienen. Er wurde erster Redakteur der *Zürcher Zeitung*, musste die Stadt aber 1783 wegen nicht geduldeter satirischer Spitzen gegen den französischen Gesandten verlassen. Darauf ließ er sich in Aarau nieder und vollendete die *Briefe eines reisenden Franzosen*. 1786 starb er dort mit 32 Jahren. Er konnte nicht mehr erleben, dass sein Buch zu einem europäischen Bestseller wurde. Der „Reisende Franzose" wurde zum vielzitierten Begriff. Als ein Ahnherr des Reisejournalismus inspizierte er das Deutschland seiner Zeit kurz vor der Französischen Revolution. Nicht die traditionelle Künstler- oder Bildungstour interessierte ihn, er reiste in der Kutsche, auf Schiffen und zu Fuß durch die Lande und studierte die gesellschaftlichen Verhältnisse, besonders auch die Lage der Menschen der „untersten Klassen". Zwischen 1770 und 1780 durchquerte er Deutschland um Material für seine Briefe zu sammeln, die er lieber nicht unter eigenem Namen publizierte. Das Buch wurde dann auch in nicht wenigen Ländern von der Zensur behelligt.

Johann Kaspar Riesbeck (1754 – 1786)

In der Reiseliteratur der Spätaufklärung und weit darüber hinaus hinterließ er deutliche Spuren, bis er wie so viele andere Autoren einer unterhaltsamen bis satirischen Aufklärung im 19. Jahrhundert verloren ging.

Der Rheingau war ihm selbstverständlich vertraut. Wenn es ihm vor allem auch um die Kritik an ungerechten Herrschern ging, die mit ihrem Lebenswandel und fehlendem ökonomischen Wissen ihre Territorien in den Ruin trieben, scheint in seinen Schilderungen doch immer wieder ein prägnant beschriebener landschaftlicher Reiz auf. So kann er zu den Vorläufern jener gezählt werden, die sich nicht auf die Beschreibung des Nutzens von Landschaften beschränkten. Das erweist sich besonders im Rheingau. Die folgenden Passagen entnehmen wir unserer Ausgabe der *Briefe eines reisenden Franzosen* von 2013.

Johann Kaspar Riesbeck: Eine Lustpartie nach dem Rheingau

„Ich machte vor einigen Tagen mit einer Gesellschaft von hier eine Lustpartie nach dem Rheingau. (...) Meine Reisegesellschaft war wie ausgesucht, und unser Schiff war ein ganz andres Gebäude als die elenden Fahrzeuge, die man auf der Donau Schiffe nennt. Es hatte Mast und Segel, sein ebnes Verdeck mit einem Geländer, seine gemächlichen Kajüten mit Fenstern und einigen Meublen und war überhaupt so ziemlich im Stil eines holländischen Jagdschiffes gebaut. (...)

Als wir die Krümmung passiert hatten, welche der stolze Rhein eine Stunde unter Mainz gegen Westen macht, hatten wir eine Aussicht vor uns, die man außer der Schweiz schwerlich in einem andern Lande zu sehen bekommt. Der Rhein breitet sich hier erstaunlich aus, und bildet in seinem trägen Lauf einen See, der hie und da über eine Viertelstunde breit ist, und worauf einige beholzte Inseln schwimmen. Zur Rechten bildet das eigentliche Rheingau ein Amphitheater, dessen Schönheiten weit über alle Beschreibung sind. Bei Walluf, dem ersten Ort des Rheingaues, laufen sehr hohe Berge ziemlich nahe an das Ufer des Stromes her. Von da ziehen sie sich landeinwärts, und bilden einen Halbzirkel, dessen andres Ende 5 Stunden weiter unten, nämlich bei Rüdesheim, an das Rheinufer stößt. Das Ufer, die Hügel, welche dieser Zirkel einschließt, und die Abhänge dieser Berge sind dicht mit Flecken und Dörfern besät. Die weiße Farbe der Gebäude und die schönen blauen Schieferdächer dieser Ortschaften nehmen sich in dem mannigfaltigen und durchaus herrschenden Grün dieser Landschaft ungemein schön aus. Längst dem Rheinufer hinab liegt alle Viertelstunde ein Ort, der in jedem andern Lande eine Stadt heißen würde. Mancher enthält 3 bis 4 hundert Familien, und in diesem 5 Stunden langen und in der Mitte ungefähr 2 Stunden breiten Amphitheater zählt man gegen 36 Ortschaften. Alle sonnigen Abhänge der Berge und Hügel sind ein ununterbrochener Weingarten, der von unzähligen Obstbäumen häufig beschattet ist. Die waldigten Häupter der hintern Berge werfen ein gewisses feierliches Dunkel über die sonst sehr leichte Landschaft, welches eine vortreffliche Wirkung tut. Hie und da laufen stärkere Arme von der hohen Bergreihe an das Ufer her, und ragen über die niedern Hügel majestätisch hervor. Auf einem solchen Bergarm liegt, beinahe in der Mitte des Rheingaues das Dorf Johannisberg, welches einen der edelsten Rheinweine erzieht. Vor diesem Dorf liegt auf einem runden und schön gestalteten Hügel, nahe am Ufer des Stromes ein gräfliches Stadionisches Schloß, welches der Landschaft umher eine unbeschreibliche Pracht gibt, und fast in jedem Ort erblickt man ein großes herrschaftliches Gebäude, das ihm ein reicheres Ansehn leiht. Dem Halbzirkel der Berge, welcher es gegen die kalten Ost- und Nordwinde schützt, und dem Sonnenschein doch Raum und Spiel genug läßt, hat das Land seinen Reichtum zu verdanken. Die Waldungen und höhern Abhänge der Berge sind zugleich der Viehzucht sehr günstig, und vermehren den Dünger, welcher in einem Lande dieser Art einen außerordentlichen Wert besitzt. (...)

Der Hintergrund dieser Gegend ist im malerischen Betracht der beste Teil derselben. Ein enger Bergschlund, der sich zwischen Rüdesheim und Bingen perspektivisch zu verengen beginnt, bildet denselben. Senkrecht abgehauene Berge und Felsen hängen hier über den Rhein her, auf den sich hier eine ewige Nacht gelagert hat. In der Ferne glaubt man, der Rhein ströme durch eine unterirdische Röhre aus dieser Landschaft heraus, durch welche er so langsam zu gehen scheint, um ihre Reize in wollüstiger Trägheit desto länger genießen zu können. Der sogenannte Mäuseturm scheint im Dunkel, welches auf diesem Hintergrund liegt, auf dem Wasser zu schwimmen. Kurz, in der ganzen Gegend ist nicht das Geringste, das nicht zur Schönheit und Pracht etwas beitrüge, und sozusagen notwendig wäre, um das Paradies vollkommen zu machen. – Wenn man in der Mitte zwischen Mainz und Bingen auf dem Rhein fährt, so bilden die Ufer des Stromes ein vollkommenes Amphitheater im Oval, welches eine der malerischsten und reichsten Landschaften ausmacht, die man in Europa sehen kann.

Die Nacht war schon angebrochen, als wir zu Geisenheim ankamen. Ehe wir landeten, genossen wir noch einen sehr seltenen Anblick. Wir konnten fast die ganze Küste des Rheingaus übersehen, die wie von einer zusammenhängenden Stadt bedeckt war. Die vielen Lichter in den unzähligen Dorfschaften täuschten mich so sehr, daß ich wirklich eine ungeheure Stadt beleuchtet zu sehen glaubte. Der Widerschein dieser Lichter in dem spiegelglatten Rhein begünstigte die Täuschung."[64]

Die letzte Passage ist aus zwei Gründen erstaunlich. Einmal verwundert es, dass die „unzähligen Dorfschaften" des Rheingaus so reich waren, dass sie sich eine offenbar sehr wirksame Nachtbeleuchtung leisten konnten. Zum andern findet sich der Anblick der vielen Dörfer als einer zusammenhängenden Stadt an einer unvermuteten Stelle. Goethes Diener Carl Stadelmann beschreibt in seinem Tagebuch der Kurreise von 1815 nach Wiesbaden eine „herrliche Aussicht". Goethe schwärmt am 27. Mai 1815 in einem Brief an seine Frau Christine:

„Wenn man von der Höhe vor Wiesbaden den Rhein sieht, von Oppenheim herab, bey Maynz vorbey fließen und wie er dann, gegen Elfeld [Eltville, d. A.], die große Aue in sich faßt und weiter hinab die Reihe von Ortschaften, der Johannisberg und bis Bingen die Landschaft erscheint; so weiß man doch warum man Augen hat. Dieß zu erfahren war mir sehr nötig."[65]

Sein Diener Stadelmann verließ mit seinem Herrn die Kutsche, um denselben Anblick zu genießen. Er schreibt:

„Südwestwärts liegt überall Gebirge erhaben, der Donnersberg, welcher aber wegen seiner Entfernung nur wie eine Wolke betrachtet werden könnte, wenn ihn nicht seine scharfe Form als Berg bezeichnete. Wendet man sich noch mehr westwärts, so hat man die herrlichste Aussicht

64 Johann Kaspar Riesbeck: Briefe eines reisenden Franzosen. Ediert von Heiner Boehncke und Hans Sarkowicz. Berlin 2013, S. 539f..

65 Zit. n. Albert Schaefer: Goethe in Wiesbaden und am Rhein. Frankfurt am Main 1973, S. 68.

bis Bingen. Der Fluß mit seinen schönen Inseln, am Ufer desselben die zahlreichen Ortschaften, welche in dieser Entfernung eine perspektivische Gestalt annehmen und gleichfalls als zusammenhängend erscheinen und eine sich fünf Stunden lang ausgedehnte Stadt zu seyn scheinen."[66]

Stadelmann hatte mit Goethes Diktaten gewiss eine gute Schreibschule. Er war aber auch durchaus belesen und mag den „Reisenden Franzosen" gekannt haben.

Aus diesem klassischen Werk der deutschen Reiseliteratur folgt nun noch ein merkwürdiger Auszug. Die geschilderte Begebenheit im Rheingau grüßt im Voraus die beiden Lieder- und Brauchtumssammler Clemens Brentano und Achim von Arnim. Was hätten sie gegeben, an der folgenden eigenartigen Zeremonie teilnehmen zu können.

„Des andern Tages nach unserer Ankunft gingen wir nach Rüdesheim, wohin uns ein Geistlicher von Mainz eingeladen hatte. Wir fanden eine zahlreiche Gesellschaft bei ihm, worunter auch einige Protestanten waren. Nach dem Mittagessen führte uns unser artiger Wirt in einer Prozession in seinen großen Saal, woraus wir eine unvergleichliche Aussicht über den hier außerordentlich breiten Rhein und die Stadt Bingen genossen. Alles schien ein großes Fest anzukünden, dessen Charakter aber wenigstens für mich immer noch ein Rätsel war. Auf einmal öffnete sich die Türe des Saales. Eine Bande Musikanten ging feierlich voraus, und ihnen folgten 2 hübsche und wohlgekleidete Mädchen, die auf einer mit feiner Leinwand überzogenen Tafel eine große Traube trugen. Der Rand der Tafel war mit Blumen bekränzt. Man setzte die Traube mitten im Saal auf eine Art von Thron, der auf einem Tisch errichtet war, und nun erklärte man mir, daß unser Wirt das Fest wegen der ersten reifen Traube in seinem Weinberg angestellt habe, und daß die Sitte, die erste Zeitigung einer Traube zu feiern, bei den Reichen dieses Landes heilig beobachtet werde. Man fand dies Fest umso nötiger, da dieses Jahr die Trauben außerordentlich spät zu reifen beginnen. Nachdem der Altar des Bacchus errichtet war, hielt unser Wirt eine kleine, aber sehr gute Rede, die dem Charakter der Feierlichkeit entsprach, und hierauf tanzten wir um die Traube herum. Nie, Bruder[67], habe ich mit mehr

66 Anton Kippenberg (Hg.): Stadelmanns Tagebuch von seiner Reise mit Goethe nach Wiesbaden, Sommer 1815. In: Stadelmanns Glück und Ende. Schriften der Stadelmann-Gesellschaft. Vierter Band. Weimar 1922, S. 25.

Empfindung getanzt, als hier. Noch macht mich bloß die Erinnerung der lebhaften Gefühle, die sich in diesen seligen Augenblicken meiner bemächtigten, stumm und entzückt. - - - In meiner Republik sollen Feste dieser Art gewiß die einzigen sein. Gibt es ein heiligeres und würdigeres Fest, als wo man dem Schöpfer durch Freude für die Wohltaten dankt, womit er uns selig machen will? - Es war nicht darum, als wenn diese Traube die einzige reife im Weinberg unsers Wirtes gewesen wäre. Wir fanden bei genauer Untersuchung desselben noch mehrere. Demungeachtet zankten wir uns um die Beere der Traube, die wir betanzt und besungen hatten, mit mehr Hitze, als wenn sie orientalische Perlen von gleicher Größe gewesen wären."[68]

Karl Simrock gehört zu den vergessenen Größen der Literaturgeschichte. Dabei war dieser Brieffreund der Brüder Grimm einer der wichtigsten deutschen Philologen des 19. Jahrhunderts. Der 1802 in Bonn am Rhein geborene und 1876 dort gestorbene Simrock wurde - was könnte die Wirksamkeit eines Autors schöner belegen - wegen eines Gedichtes zum Lobe der französischen Julirevolution 1830 aus dem Staatsdienst entlassen. Wie die Brüder Grimm war er der altdeutschen Literatur verpflichtet, die er durch zahlreiche, auch sehr populäre Editionen ans Licht seiner Gegenwart brachte. Berühmt wurde er durch seine neuhochdeutsche Übersetzung des *Nibelungenliedes* 1827. Auch seine Editionen einer Reihe von deutschen Volksbüchern, Sagen und Lieder festigten seinen Ruf als wirkmächtiger Philologe. Seine Ballade von der sagenhaften Gisela Brömser von Rüdesheim endet mit einer frechen Moral.

Karl Simrock: Gisela

„Von Rüdesheim bis Bingen,
Da ist der Rhein ein See,
Von Strand zu Strande klingen
Hör ich ein Lied voll Weh.
Dort stand die engelgleiche,
Entgeistert stand sie da,
Das schönste Kind im Reiche,
Die bleiche Gisela.

67 Der vollständige Titel von Riesbecks Reisewerk lautet: *Briefe eines reisenden Franzosen* an seinen Bruder zu Paris. Der wird im Verlauf des Buches immer wieder direkt angesprochen, um dem fiktiven Charakter einer Briefsammlung zu entsprechen.

68 Riesbeck, a.a.O., S. 540 f.

Die Drachen und die Heiden
Ihr Vater Brömser traf,
Er konnt es nicht vermeiden,
Sie banden ihn im Schlaf.
Da lag er lang gefangen
In unheilvoller Haft,
Bei Ottern und bei Schlangen
Zerging ihm schier die Kraft.
Die Tochter rang die Hände,
Sie liebt ihn überaus:
Hilf Himmel, mach ein Ende
Und send ihn heil nach Haus.
Sie hat so lang gerungen
Die schönen Hände wund,
Seine Ketten sind zersprungen
Der Held entgeht gesund.
Und wie er kommt nach Hause,
Da ist's ihr Ungewinn;
‚Du wirst in stiller Klause
Nun Gottes Dienerin.
Ein Kloster will ich gründen
Dem Herrn, der mich befreit:
Da büße meine Sünden,
Du reine junge Maid.'
Sie wollte nicht im Kloster
So jung begraben sein,
Sie stürzte sich getroster
Wohl in den tiefen Rhein.
Die Wellen rauschen, schlingen
Hinab das schöne Weib,
Beim Mäuseturm zu Bingen
Am Morgen lag der Leib.
Der Vater ging sie schauen,
Da schlug das Herz ihm schwer,
Viel Klöster tät er bauen,
Ward doch nicht fröhlich mehr.
Ihr Väter, büßt die Sünden
Nicht an den Töchterlein.
Und wollt ihr Klöster gründen,
So geht auch selbst hinein."[69]

Joseph Gregor Christoph Lang: Reise auf dem Rhein

1789, sechs Jahre nach Riesbecks *Briefen eines reisenden Franzosen* erschien der erste Band einer zweibändigen *Reise auf dem Rhein*. Im Jahr darauf der zweite. 1805 und 1818 kam das Werk in zweiter und dritter Auflage unter dem Namen des Verfassers heraus. Er hieß Joseph Gregor Christoph Lang und war Priester in Koblenz. Geboren 1755, im selben Jahr also wie Georg Forster, wurde er Lehrer für Methodik und Pädagogik am Koblenzer „Schulmeister-Seminarium". Später findet man ihn als Pfarrer in Meuendorf bei Koblenz. Dort starb er im Jahre 1834. Obwohl Lang in der Vorrede seiner *Reise auf dem Rhein* Riesbecks Bericht über die Schifffahrt von Mainz nach Köln zitiert, wo er betont, nichts „wollüstiger" zu finden als diese Reise, unterscheidet sich seine Perspektive auf die Rheinlandschaft doch grundlegend. Riesbeck schaut auf die beschriebenen Verhältnisse am Vorabend der Französischen Revolution schon beinahe mit republikanischer Vernunft. Er sieht die spätfeudalen Verhältnisse im „Reich" als Fesseln einer gerechten Entwicklung. Der Prediger Joseph Gregor Christoph Lang verfasst eine Heimatkunde des Rheins und gibt vor, niemand könne den wahren Charakter der Rheinländer verstehen, der nicht selbst einer ist. Dennoch gehört er in die Reihe jener, die – mal mehr, mal weniger gelungen – zur Poetisierung der Rheinlandschaft beigetragen haben. Und er hat als bibliophiler Sammler einen Schatz hinterlassen, der noch heute in Koblenz nutzbar ist. Schon 1827 vermachte er der Koblenzer Stadtbibliothek 283 Bände aus seiner Büchersammlung. Nach seinem Tod kamen noch einmal hunderte wertvolle Bücher hinzu. Die Bibliotheca Langiana ist unbedingt einen Besuch in der Koblenzer Stadtbibliothek wert; besonders die Reiseberichte und geographischen Werke. Joseph Gregor Christoph Lang ist vom Rheingau vor allem „entzückt". Es finden sich bei ihm all die bekannten Beschreibungstopoi wie das Amphitheater, die Rede vom Rheingau als Paradies, die eigentlich unbeschreibliche Pracht der Landschaft. Nur mit den Rheingauern hadert er und gleitet in eine vollkommen unaufgeklärte Anthropologie ab. Dabei glaubt er, Riesbeck korrigieren zu müssen:

„Das Nassau-Usingische Gebiet steckt hier seiner Grenze ein Ziel, und ein langer, hoch aufgeworfener Wall mit einem tiefen Graben, der in den vorigen Zeiten und besonders im 30jährigen Kriege gegen die Schweden zur Verschanzung mag gedient haben, zieht sich vom allge-

69 Karl Simrock: Gisela. Zit. n. Wolf-Dietrich Gumz und Frank J. Hennecke (Hg.): Rheinreise. Gedichte und Lieder. Stuttgart 1986, S. 145 f.

mach steigenden Rheinufer in den sogenannten Landeswald hinauf, der den ganzen Rheingau im Hintergrunde bis in die Gegend von Lorch begrenzt [gemeint ist das „Gebück", d. A.]. Nun glaubt man sich in ein anderes Paradies versetzt zu sehen; tausend unnennbare Gegenstände überraschen das Auge; gemilderte Anhöhen laufen in Gestalt eines Amphitheaters, das sich in übereinander stehenden Terrassen mit Weinreben regelmäßig erhebt und bei Rüdesheim in einem Halbzirkel schließt, ganz nah am Gestade des Stromes her; bunt bewachsene Ufer, schön und heiter gebaute Städte, Flecken und Dörfer, auch einzelne Meiereien und Landsitze, welche alle fast in einer ununterbrochenen Reihe dahinstehen und in dem mannigfaltigen Grün der reichen sonnigen Weinhügel eine abwechselnde Mischung verursachen, geben der Landschaft einen unbeschreiblichen Reiz. – Selbst der Rhein, der sich hier in Gestalt eines Sees unförmlich weit ausbreitet und mehrere von Fichten und Erlen beschattete Inseln trägt, scheint seinen Lauf freundschaftlich zu verzögern, um dem gierigen Reisenden Zeit zu gewinnen, all das Schöne wollüstig einzuschlürfen, welches keine Feder mit vollkommener Stärke zu beschreiben vermag.

Eine halbe Stunde von Walluf sieht man den großen Flecken Eltville, eigentlich die Hauptstadt im Rheingau, wo im Jahre 1349 der Vergleich zwischen dem Kaiser Karl dem Vierten und Günther von Schwarzburg ist geschlossen worden. Wirklich prächtig nimmt sich in der schön beleuchteten Landschaft dieser Ort aus, durch den majestätisch emporragenden fünfspitzigen Kirchturm, durch das nah am Ufer geräumig gebaute Gasthaus und mehrere herrschaftliche Gebäude, worunter das dem Grafen von Elz zuständige das ansehnlichste ist. Ackerbau und Viehzucht, die sich im Hintergrunde gegen das Dorf Kiedrich mit dem Weinbau reichlich verbinden, geben den Einwohnern hinlängliche Auskunft. (...)

Zwischen Eltville und Oestrich, welche beiden schönen Orte kaum eine Stunde voneinander gelegen sind und wogegen jenseits des Rheins Rheinweinheim liegt, hat man gleich einem engländischen Garten in täuschender Abwechslung die einträglichen erbachischen Höfe, Drais und Reinhartshausen; das wohl begüterte Dorf Erbach oder Eberbach; nicht weit davon die im Walde versteckte, berühmte und reiche Zisterzienser-Abtei gleichen Namens, wohin eine schöne, mit Nußbäumen besetzte Allee führt, das gegenüber der alten Sandaue, der mehr denn 30 Morgen großen Rheinaue und der fruchtbaren Langwartheraue nah am Rhein liegende Dorf Hattenheim, vor welchem in der eigenen der berühmte Makrobrunner Wein wächst, der seinen Namen daher und einem in diesem Distrikte erquillenden Brunnen leitet, diese einem Sat-

tel ähnliche sonnige Gegend blitzend durchrieselt und die Landschaft um ein Merkliches belebt und verschönert.

Blick auf die Kurfürstliche Burg Eltville

Ich weiß nicht, welch ein Ungefähr mich auf einmal aus dieser reizenden Gegend in dunkle Heckengänge führte, wo sich die Szene so schnell abänderte, daß mich dabei fast Grauen und Schrecken überfiel. – Einsam, wild und schauderig schlossen sich die gemilderten und lächelnden Weinhügel in ein eng eingesperrtes und mehrere Stunden lang sich zwischen ungeheuren Bergen hindurchwindendes Tal, welches in eine graue Nacht eingehüllt lag. Man glaubt das Bett eines Flusses zu sehen, der hier sein Grab gefunden hätte, um nie wieder zu rinnen. Ein sehr seicht dahinrieselnder Bach schleicht sich hie und da mit Not durch grüne, durchfressene Ufer, mit Kies und nach Nahrung lechzenden Kräutern besetzt, und nur einige vom Äther sparsam erborgte Blicke machen den Fußtritt des Wanderers kenntlich. Ein schmutziges altes Dorf, vermischt mit hängenden und dem Sturze drohenden Hütten, die hin und wieder durch ein bemoostes Schiefer- und Strohdach ihre darin verborgene Dürftigkeit beweisen, liegt sehr romantisch unter einem mit Hecken und Stauden bewachsenden Berge, auf welchem ein alter Hain seine dicke, schwarze Schattenmasse herabwirft. – Wie in einem Traume erinnert man sich des noch kurz gehabten feierlichen Bildes; und es ist, als sei man durch die Zauberkraft einer Fee in eine ganz andere Welt versetzt. – Weg sind die Spuren des lachenden Rheingaues, weg sind Weinberge und Obstbäume. Weg der Rhein, weg die heiteren Fluren und die schönen, vielfarbig prangenden Dörfer. Die schmalen Heckengänge, die man bald durch ungeheure abgerissene Steinklumpen gesperrt, bald durch wilde Fluten hinweggespült sieht, laden, wie die ganze Gegend, die Seele ein zu einsamem und stillem Nachdenken. Auf jedem Aste, in jeder Höhle glaubt man Geister zu erblicken, nicht erschreckende und schauerliche Geister, die Entsetzen erregen, sondern die vielmehr dem Vorübergehenden freundlich zuwinken. In jedem Lüftchen weht philosophische Melancholie, mehr Zufriedenheit als Trauer, mehr ein Vergessen von all dem, was dem Herzen wehtut, als schwärmerischer Genuß des Gegenwärtigen. Die Einbildungskraft wandelt hier nicht unter schwarzen, höllenähnlichen Schreckbildern; sie schlummert in lieblich träumender Ruhe, und es ist, als lese man mit jedem Blicke, aus jedem Blatte, aus jedem Steine die sichere Lehre: daß der Mensch wenig bedarf."[70]

Das liest sich, als habe der Pfarrer Lang bei seiner Rheinreise alles unterbringen wollen, was an empfindsamem, schauerromantischem und trivialphilosophischem Modediskurs herumschwirrte. Klopstock für den Hausgebrauch. Er war damit allerdings sehr erfolgreich und wirkte daran mit, den Rhein und den Rheingau als paradiesisches Konzentrat des Flusses zurückfließen zu lassen in eine deutsche Seelenlandschaft mit Burgen, alten Geschlechtern und – wie es seinerzeit hieß – kerndeutschen Tugenden.

„Der silberne Mond war noch nicht völlig mit seinem bleichen Gefolge entwichen. Die Beherrscherin des Tages hatte noch nicht ihre purpurroten Vorboten auf die mit grauem Nebel umhüllten Häupter der schlummernden Berge beordert, um die letzten Tropfen des Taues vor ihrer Ankunft zu verbannen. Der ruhige Rhein lag noch gestreckt in seinem schnarchenden Schlafe und dachte noch nicht mit der nachbarlichen Landschaft zu tändeln, als ich schon auf war und meinen Schiffmann anhielt, den Nachen zurechtzuhalten. Die quecksilberige Wirtin,

70 Georg Gregor Lang: Reise auf dem Rhein von Mainz bis zum Siebengebirge. Eingeleitet und herausgegeben von Willy Leson, Köln 1975, S. 40-45.

die schon den Federn entschlüpft war, ward noch in Eile für die niedliche Zeche und muntere Aufwartung befriedigt, worauf ich sogleich den Nachen bestieg, den ich ganz langsam schräg über den Fluß gegen Bingen steuern ließ. Nun genoß ich das feierlichste Schauspiel! Die ganze Natur lag da in vollem Glanze! Himmel und Strom glänzten im zitternden Lichte der wieder erwachten, alles belebenden Sonne und geboten der weit umfassenden Landschaft in heiliger Stille, auf ihre prächtige Ankunft und staunende Wirkung aufmerksam zu sein.

Endlich trat sie hervor in voller Majestät. Die Königin des Tages, getrennt vom unermeßlichen Horizont lächelte sie ein jedes ihr dankbare Wesen an! Wie vergoldet glänzte da zur Rechten der bunte Flecken, zwischen grünen, mit unglaublicher Mühe bearbeiteten und in unzähligen Terrassen aufsteigenden Weinbergen – zwischen bemoosten Türmen, mit Efeu bekletterten Mauern und trotzigen Überbleibseln alter Burgschlösser ehrwürdiger Ritter, wo Brömser so manchen zwistigen Auftritt erlebte, die dem, der mit der damaligen Geschichte nur etwas genauer bekannt ist, beim Anblick eine schauerliche Empfindung erregen muß."[71]

Vom Mäuseturm gelangt der Autor nach Assmannshausen, grüßt die „Trümmer des großen und festen Schlosses Ehrenfels", um den 1783 vom Grafen von Ostein erbauten viereckigen Turm zu bewundern, von dem man eine „vortreffliche Aussicht genießt". Jetzt, beim Abschied vom Rheingau lässt er seinen Lobgesängen auf die ruhmreiche deutsche Vergangenheit freien Lauf:

„Der geringste Laut prallte an den Klippen zurück, ein vernehmliches Echo plauderte die gesprochenen Worte fürchterlich nach, und es schien, als riefen Geister aus den in den Felsen hängenden Trümmern und Schlössern mir zu, die so lange unüberwindlich der Vergänglichkeit getrotzt hatten. Schaudern und Ehrfurcht regten sich in meiner Brust; glühende Phantasien, Empfindungen und Wünsche stiegen in mir auf, und tausend Bilder der Vergangenheit, der biederen altdeutschen Zeiten reihten sich in meinem Kopfe aneinander. – Ich glaubte eine Menge bärtiger Ritter, fest und stark, noch unverdorben und von Weichlichkeit frei und unbefangen, so im Schlage des Götz von Berlichingen und Fust von Stromberg, vor mir zu sehen, echte, gesunde, gut geformte Kinder der

71 Ebenda, S. 54 f.

Ignaz Franz Castelli
(1781 – 1862)

Natur, nicht hektische, kränkelnde Wollüstlinge, wie die gefährlichen und unsicheren Stammpflänzlinge unserer heutigen Ahnen."[72]

Alles mag schön sein im Rheingau; schön, entzückend und erhaben, außer den dort heimischen Menschen. In dieser Hinsicht muss er dem „reisenden Franzosen" – also Johann Kaspar Riesbeck – widersprechen:

„Ich saß (...) da, mir einzig überlassen und betrachtete bedächtlich die Physiognomie meines Wirts und seiner Frau. Im ganzen Rheingau war mir vorzüglich auffallend, keine recht starken, festen, wohluntersetzten, fleischigen Menschen, so wie sie der reisende Franzose unrichtig angibt zu finden; magere, ausgedörrte Knochengerippe, mit kupferigen, schwarzbräunlichen Gesichtern sieht man fast durchgängig; aber desto mehr natürlichen Witz, Lebhaftigkeit und Munterkeit des Geistes blickt aus ihren Reden, Gebärden und Handlungen hervor. (...) Mein Wirt gehörte mit zu diesem Schlag Leute; übertriebene Höflichkeit und daher mißgestimmter Ton der sonst einem Deutschen eigenen Freimütig- und Redlichkeit macht einem jeden bieder Gesinnten diese Menschenklasse im Umgange unangenehm und lästig; noch unausstehlicher und lästiger war mir seine schon bejahrte Frau, ein hüpfendes, munteres und in allem sehr zuvorkommendes Geschöpf, durch ihre nur zu gekünstelte Zudringlichkeit und unnatürliches Wesen, womit sich noch ein jüdischer Sprachton verband, der fast ganz den Rheingau beherrscht und einem jeden Ohre, das an eine gemäßigte Sprache gewöhnt ist, durch den schreienden Lautton wehtun muß. Leidlicher wäre für mich der plattdeutsche Akzent eines schmutzigen Hunsrücker Flachsweibes als die Mundart der ausgeputzesten und aufgeschnörkeltsten rheingauischen Dame."[73]

Als „unbeschreiblich schön" – so wurde oft der Rhein, am meisten aber der Rheingau beschrieben. Meistens folgten dann wortreiche Wendungen, die es mit der Schönheit aufnehmen wollten. Konsequenter verfuhr der Wiener Dichter und Dramatiker Ignaz Franz Castelli. In seinen vierbändigen *Memoiren meines Lebens* aus dem Jahre 1861 empfiehlt er den von der Schönheit des Stroms überwältigten Poeten, einfach mal den Mund zu halten.

72 Ebenda, S. 61.

73 Ebenda, S. 53 f.

Ignaz Franz Castelli: Der Vater Rhein

„Wenn du den Vater Rhein nicht lerntest kennen,
Von Köln bis Mainz und alle Herrlichkeit,
Die hier Natur und Land und Wasser beut
Bedauern muß ich dich und arm dich nennen.
Durch alle Erdenteile darfst du rennen,
Auf Berge hoch, durch Täler tief und breit,
Und rennst du deine ganze Lebenszeit,
So Prächtiges wird Gott dir nicht mehr gönnen.
Ein jeder Punkt wird dir die Reise lohnen,
In jedem Dörfchen möchtest gerne wohnen,
Die Luft einsaugen und im Wasser baden,
Du staunst und willst erst laut dein Staunen künden,
Dann schweigst du, da du Worte nicht kannst finden,
Und preisest stille Gottes Macht und Gnaden.“[74]

Georg Forster
(1754 – 1794)

Georg Forster: Ansichten vom Niederrhein

Georg Forster war mit 18 Jahren zusammen mit seinem Vater Johann Reinhold Forster zu einer 1111 Tage dauernden Weltreise mit Captain Cook aufgebrochen. Nach seiner Rückkehr veröffentlichte er 1777 zuerst auf Englisch die Reisebeschreibung *A Voyage Round The World*, 1778/80 erschien das Buch dann in seiner eigenen Übersetzung auf Deutsch: *Reise um die Welt*. Damit errang er einen beispiellosen Erfolg. In die anschauungsarme, eher trockene, ökonomisch-statistischen Kriterien gehorchende Reiseliteratur fuhr dieses elegant geschriebene, welthaltige und aufklärerische Buch wie ein Blitz. Der 1754 geborene, immer noch junge Mann wurde rasch zum literarischen Star europäischen Zuschnitts. Goethe, Wieland, alles, was Rang und Namen hatte, war von diesem reisenden Genie begeistert. Sein privates Leben verlief eher traurig. Seine Ehe mit Therese Heyne war unglücklich. Von 1778 bis 1784 lehrte Georg Forster am Kasseler Collegium Carolinum. Er lernte den Göttinger Physiker und Schriftsteller Georg Christoph Lichtenberg kennen, publizierte eine Fülle von naturwissenschaftlichen und politischen Aufsätzen und wechselte 1784 als Professor für Naturgeschichte nach Wilna. Nach gescheiterten Expeditionsplänen wegen

74 Ignaz Franz Castelli: Memoiren meines Lebens. Hg. von Josef Bindtner. II. Band. München o. J., S. 192 f.

des 1787 ausgebrochenen russisch-türkischen Krieges – er sollte Leiter einer großen, von Zarin Katharina finanzierten Pazifik-Expedition werden – wurde Forster 1788 Oberbibliothekar der Universität Mainz. Der zweite große deutsche Weltreisende in dieser Zeit war der 1769 geborene Alexander von Humboldt. Er hatte im April 1789 ein Studium an der Universität Göttingen aufgenommen und u. a. bei Lichtenberg studiert. Im Februar 1790 schloss er seine erste größere Publikation ab: *Mineralogische Beobachtungen über einige Basalte am Rhein*. Nicht allein wegen seiner Bewunderung Lichtenbergs, die er mit Georg Forster teilte, suchte er die Bekanntschaft mit dem Weltumsegler, der als Bibliothekar in Mainz seinen Welthunger keinesfalls gestillt hatte. So kam es, dass Georg Forster den 15 Jahre jüngeren Alexander von Humboldt als eine Art Lehrling in Sachen Forschungsreisen im Frühjahr 1790 auf eine mehrmonatige Reise mitnahm, die in Mainz begann und für Forster in Paris endete. Er hatte wie viele andere deutsche Dichter und Denker die Französische Revolution 1789 begrüßt, ja gefeiert. Im Oktober 1792 besetzte die französische Revolutionsarmee Mainz. Anfang November trat Forster dem Mainzer Jakobinerclub bei. Anfang 1793 gehörte er zu den Begründern der Mainzer Republik, der ersten bürgerlich-demokratischen auf deutschem Boden. Ihr Gebiet reichte auf der linksrheinischen Seite etwa von Landau bis Bingen. Als gewählter Abgeordneter des Rheinisch-Deutschen Nationalkonvents wurde er nach Paris geschickt, um die Angliederung der Mainzer Republik an Frankreich zu beantragen. Dem wurde stattgegeben. Im Juli 1793 zogen die Franzosen nach der Rückeroberung der Stadt durch die Koalition der antifranzösischen Truppen von Mainz ab. Damit hatte die erste Republik auf deutschem Boden aufgehört zu existieren. Georg Forster saß in Paris fest, weil er durch die Zusammenarbeit mit der französischen Revolutionsregierung der Reichsacht verfallen war. Er starb desillusioniert und in tiefem Unfrieden mit seiner Frau am 10. Januar 1794 in Paris.

Am 24. März 1790 hatten Georg Forster und Alexander von Humboldt in Mainz das Schiff bestiegen. Die Reise endete am 9. Juli in Metz; jedenfalls im dritten Band der *Ansichten vom Niederrhein von Brabant, Flandern, Holland, England und Frankreich im April, Mai und Junius 1790*. Forster schrieb den ersten Band der *Ansichten* von Juni bis November 1790, den zweiten 1791 und im Frühjahr 1792. Beide Bände erschienen mit der Jahreszahl 1792 in der Vossischen Buchhandlung zu Berlin. Der dritte Band kam sechs Monate nach Forsters Tod ebenfalls in der Vossischen Buchhandlung heraus. Ludwig Ferdinand Huber, mit dem

Therese Forster seit April 1794 in zweiter Ehe verheiratet war, gab diesen *Dritten Theil* heraus.

Georg Forster begründete eine erzählend-wissenschaftliche Reiseliteratur in Deutschland, die den Ideen der Aufklärung verpflichtet war, ihre Tiefe und Anschaulichkeit aber den Erfahrungen verdankte, die er während seiner eigenen Reisen machte. Zwar rechnet man die *Ansichten* der Spätaufklärung zu, zwischen den Zeilen schimmern aber deutlich zum einen die Ansichten eines Republikaners durch, zum anderen nähert sich nicht nur sein Interesse an der gotisch-mittelalterlichen Kunst romantischen Positionen an. Auch der Rhein verändert ein wenig seine literarische Fließrichtung, um Anklänge romantischen Vokabulars aufzunehmen. Gleich am Anfang begegnet man einem Zaubertrick. Weil dem Autor, der bei der Reise um die Welt die üppigsten Landschaften gesehen hatte, die Rheingegend an diesem Tag im März so grau und eintönig erscheint, liest er lieber ein Buch über Borneo und stellt sich die buntesten Bilder vor.

„Boppard, den 24. März.
(...) Es war einmal ein Verhängnis, daß es uns heute anders gehen sollte, als wir erwartet hatten. Statt des herrlichen gestrigen Sonnenscheins, mit dessen Fortdauer wir uns schmeichelten, behielten wir einen grauen Tag, dessen minder glänzende Eigenschaften aber, genau wie man in Romanen und Erziehungsschriften lehrt, das Nützliche ersetzte. Denn weil der Zauber einer schönen Beleuchtung wegfiel und der bekannten Gegend keine Neuheit verleihen konnte, so blieb uns manche Stunde zur Beschäftigung übrig. Auf der Fahrt durch das Rheingau hab ich, verzeih es mir der Nationalstolz meiner Landsleute! eine Reise nach Borneo gelesen und meine Phantasie an jenen glühenden Farben und jenem gewaltigen Pflanzenwuchs des heißen Erdstrichs, wovon die winterliche Gegend hier nichts hatte, gewärmt und gelabt. Der Weinbau gibt wegen der krüppelhaften Figur der Reben einer jeden Landschaft etwas Kleinliches; die dürren Stöcke, die jetzt von Laub entblößt und immer steif in Reih und Glied geordnet sind, bilden eine stachlichte Oberfläche, deren nüchterne Regelmäßigkeit dem Auge nicht wohltut. Hier und dort sahen wir indes doch ein Mandel- und ein Pfirsichbäumchen und manchen Frühkirschenstamm mit Blütenschnee weiß oder rötlich überschüttet; ja selbst in dem engeren Teile des Rheinlaufs, zwischen den Bergklüften, hing oft an den kahlen, durch die Rebenstöcke verunzierten Felswänden und Terrassen ein solches Kind des Frühlings, das schöne Hoffnungen auf die Zukunft in uns weckte.

Nicht immer also träumten wir uns in den ewigen Sommer der Palmenländer. Wir saßen stundenlang auf dem Verdeck und blickten in die grüne, jetzt bei dem niedrigen Wasser wirklich erquickend grüne, Welle des Rhein; wir weideten uns an den reichen, mit aneinanderhangenden Städten besäeten Rebengestade, an dem aus der Ferne her einladenden Gebäude der Propstei Johannisberg, an dem Anblick des romantischen Mäuseturms und der am Felsen ihm gegenüber hangenden Warte. Die Berge des Niederwalds warfen einen tiefen Schatten auf das ebene, spiegelhelle Becken des Flusses, und in diesem Schatten ragte, durch einen zufälligen Sonnenblick erleuchtet, Hattos Turm weiß hervor, und die Klippen, an denen der Strom hinunterrauscht, brachen ihn malerisch schön. Die Noh [Nahe, mundartlich, d. A.], mit ihrer kühnen Brücke und der Burg an ihrem Ufer, glitt sanft an den Mauern von Bingen hinab, und die mächtigeren Fluten des Rheins stürzten ihrer Umarmung entgegen.

Wunderbar hat sich der Rhein zwischen den engen Tälern einen Weg gebahnt. (...) Der stärkere Wein, den das Rheingau hervorbringt, wächst nicht mehr jenseits von Bingen. Die Richtung des Flusses von Morgen gegen Abend durch das ganze Rheingau gibt den dortigen Rebenhügeln die beste Lage gegen den Strahl der mittäglichen Sonne, und die Gestalt des östlichen Gebirges, das auf seiner Oberfläche beinahe ganz eben ist, trägt vieles zur vorzüglichen Wärme dieses von der Natur begünstigten Tales bei. Der Nord- und der Ostwind stürzen sich, wenn sie über jene erhabene Fläche herstreichen und an den Rand derselben kommen, nicht geradezu hinab, sondern äußern ihre meiste Kraft erst auf der entgegengesetzten Seite des Flusses; das Tal unmittelbar unter dem Berge berühren sie kaum. Was für Einfluß die mineralischen Bestandteile des Erdreichs und die Verschiedenheit der Gebirgslager auf die Eigenschaften des Weins haben können, ist noch nicht entschieden. Je weniger man über diesen Punkt weiß und bestimmt wissen kann, desto weiter treibt die grübelnde Hypothesensucht ihr Spiel damit. Hier darf sie sich keck auf ihre empirische Weisheit berufen, denn sie kann sich vor Widerlegungen wenigstens solange sicherstellen, als man nicht Erfahrung gegen Erfahrung aufzuweisen hat. So viel ist indessen immer an der Sache, daß, wo alle übrige Umstände völlig gleich sind und nun doch eine Verschiedenheit im Erzeugnis bemerklich wird, die Ursache davon in der Beschaffenheit des Bodens gesucht werden darf. Bekanntlich entspringen auf jenem östlichen Gebirge mehrere, zum Teil heiße Quellen, von denen einige Schwefel, andere Vitriolsäure und Eisen enthalten. Man hat mich auch versichern wollen, daß ein Kohlenflöz sich unter dem Hügel von Hochheim erstrecke und dem dort wachsenden Weine der Domdechanei seinen berühmten edlen Geschmack und sein Feuer gebe. Ich erinnere mich hierbei, daß der Schnee am Gehänge dieses Rebenhügels gegen Mainz eher als von dem entgegengesetzten Tore schmilzt. Der Unterschied war mir und andern oft in wenigen hundert Schritten so auffallend, daß sogar die Lufttemperatur, unter völlig gleichen Umständen dem Gefühle merklich verschieden vorkam. Sowie man das abendliche Tor von Hochheim verläßt, um nach Mainz zu gehen, glaubt man, in einem milderen Klima zu sein. (...)

Das Beste zur Vergeistigung des Traubensaftes tut zwar die Sonne: ihr Licht, das von den schwammigen Früchten eingesogen und in ihre Flüssigkeit fixiert wird, würzt und versüßt die Beere. Daher bleiben auch unsere Weine gegen die griechischen, italienischen, spanischen, ja sogar gegen die ungarischen und französischen so herbe, daß sie bei den Ausländern und dem Frauenzimmer wenig Beifall finden. (...)

Das Gemäuer verfallener Ritterfesten ist eine prachtvolle Verzierung dieser Szene; allein es liegt im Geschmack ihrer Bauart eine gewisse Ähnlichkeit mit den verwitterten Felsspitzen, wobei man den so unentbehrlichen Kontrast der Formen sehr vermisst. Nicht auf dem breiten Rücken eines mit heiligen Eichen oder Buchen umschatteten Berges, am jähen Sturz, der über eine Tiefe voll wallender Saaten und friedlicher Dörfer den Blick bis in die blaue Ferne des hüglichten Horizonts hinweggleiten läßt – nein, im engen Felstal, von höheren Bergrücken umschlossen und, wie ein Schwalbennest, zwischen ein paar schroffen Spitzen klebend, ängstlich, hängt hier so mancher zertrümmerte, verlassene Wohnsitz der adeligen Räuber, die einst der Schrecken des Schiffenden waren. Enge Stellen sind wild genug, um eine finstre Phantasie mit Orkusbildern zu nähren, und selbst die Lage der Städtchen, die eingeengt sind zwischen den senkrechten Wänden des Schiefergebirges und dem Bette des furchtbaren Flusses – furchtbar wird er, wenn er von geschmolzenem Alpenschnee oder von anhaltenden Regengüssen anschwillt – ist melancholisch und schauderhaft."[75]

Adelheid von Stolterfoth wird meist als wichtige Vertreterin einer „Rheingauer Heimatdichtung" gesehen. Das wird ihr nur bedingt gerecht; denn sie schrieb und sammelte nicht nur Rheingedichte,

75 Georg Forster: Ansichten vom Niederrhein von Brabant, Flandern, Holland, England und Frankreich im April, Mai und Junius 1790. In: Forsters Werke in zwei Bänden. Ausgewählt und eingeleitet von Gerhard Steiner. Band 2. Berlin und Weimar 1968, S. 17-21.

-Sagen und -Lieder und die *Malerische Beschreibung von Wiesbaden und der Umgebung* (1841), sondern war auch eine weltläufige Dame mit einem großem Bekanntenkreis, zu dem besonders auch liberale Politiker und demokratisch gesonnene Autoren gehörten. An der Popularisierung der Rheinromantik hatte sie einen erheblichen Anteil.

Adelheid von Stolterfoth: Rheinisches Leben

„Am Rhein weht süßes Leben
Aus längst vergangner Zeit,
Ich sehe Geister schweben
In aller Herrlichkeit,
Ich höre Lieder klingen
Mit wunderbarem Gruß
Die leis ich wieder singen
Und wieder träumen muß.
Seh ich den Vogel ziehen
Hoch durch der Lüfte Blau,
Und seh ich Schiffe fliehen
In fernes Nebelgrau:
Ist mir's als ob im Fluge
Ein Wort der Vogel singt,
Als ob im schnellen Zuge
Vom Schiff ein andres klingt.
Hier flüstern Geisterworte
Aus leichtbewegter Flut,
Dort um die Klosterpforte,
Wo Pilger einst geruht.
Und wenn die Höhen glänzen
Im stillen Mondenstrahl,
Beginnt in Rebenkränzen
Der Elfentanz zumal.
Doch schau ich an der Mauer
Verfallner Burgen hinauf,
So steigt ein leiser Schauer
In meinem Busen auf;
Denn in den öden Trümmern
Tönt's bald wie Kampf und Sturm,
Bald hör ich's leise wimmern
Aus dem Verlies im Turm.
Bald reden Erz und Steine

Von der Vergangenheit,
Bald sagt das Volk am Rheine
Die Mären alter Zeit.
Wir erbten manche Sage
Und glaubten sie getreu,
Wer wagt die schnöde Frage,
Ob sie wohl Wahrheit sei.
Treu meld auch ich den andern,
Was ich einst hört und fand,
Wer es nicht glaubt mag wandern
In unser schönes Land.
Und auf den Höhn und Gründen
Lausch er am Abend still.
Das Herz kann immer finden,
Wenn es nur suchen will."[76]

Aurelio de' Giorgi Bertòla: Malerische Rheinreise

Die *Malerische Rhein-Reise von Speyer bis Düsseldorf* des 1751 in Rimini geborenen italienischen Schriftstellers und Gelehrten Aurelio de' Giorgi Bertòla erschien gleich ein Jahr nach der italienischen Ausgabe Viaggio sul Reno 1796 in Mannheim. Mit der deutschen Literatur war der Professor für Geschichte an der Universität Pavia eng vertraut. Er übersetzte Salomon Gessners Idyllen ins Italienische und war auch mit ihm befreundet. Johann Caspar Lavaters *Physiognomische Fragmente* kannte er ebenso wie Goethes Werke. Christoph Martin Wieland, Wilhelm Heinse und Gotthold Ephraim Lessing machte er in Italien bekannt. Seine Bücher wurden meist gleich ins Deutsche übersetzt, so auch die in 18 Auflagen erschienenen *Notti clementine* von 1775, die 1779 als *Clementinische Nächte* in Berlin und Stettin erschienen. Im Stil von Edward Youngs *Nachtgedanken* geschrieben, handelte das Werk vom Tod Papst Clemens des XIV. Ausgedehnte Reisen führten ihn nach Ungarn, Österreich und Deutschland. Mit dem vier Jahre älteren Georg Forster teilte er nicht nur das ausgeprägte Interesse an anderen Kulturen, sondern auch die Sympathie für die Französische Revolution von 1789. Seine Reise beginnt am 1. Juli 1787. Sie führt ihn zunächst durch die Literatur, besser gesagt besucht er eine Reihe von berühmten Autoren. Unterwegs notiert er, was ihm auffällt. Er reist,

76 Adelheid von Stolterfoth: Rheinisches Leben. In: Gumz/Hennecke (Hg): Rheinreise, a.a.O., S. 114f.

um darüber zu schreiben. Gleich am Gotthard notiert er: „Der Sankt Gotthard hat meine Einbildungskraft kaum bezwungen"[77] und fragt sich, warum so viele Schweizer ihre Heimat so entzückend finden. Entscheidend für ihn ist immer wieder, ob eine Landschaft „malerisch" ist. Die Arbeit des Reiseschriftstellers besteht darin, dies zu erkennen und angemessen mitzuteilen. Am 3. August besucht er Lavater. Dann Gessner, den berühmten Zürcher Maler und Dichter der *Idyllen*, mit dem er ja als dessen Übersetzer vertraut war. In Basel trifft er Jacob Sarrasin, einen guten Freund Cagliostros. Gern diskutiert er über die modernsten Formen von intellektueller Besessenheit, über Magnetismus, Geheimbünde und immer wieder über Lavaters *Physiognomische Fragmente*. In Straßburg besucht er eine französische Opernaufführung, die er unbefriedigend findet. Er stellt sich beim Gatten von Goethes einstmaliger Verlobten Lili Schönemann, Bernhard Freiherr von Türckheim, ein und bekommt in Straßburg die Möglichkeit, den Ballon von Jean-Pierre Blanchard zu besichtigen, der das Publikum mit Flugversuchen fasziniert. Dann geht es über Speyer, Heidelberg und Darmstadt nach Frankfurt. Dort trifft er Clemens Brentano. Am nächsten Morgen überrascht er Sophie von La Roche in Offenbach. Bis zum 19. September bleibt er in Frankfurt, bevor er schließlich zum Ausgangspunkt der Rheinreise nach Mainz fährt. Dort besteigt er am 22. September 1787 ein Mietboot und trägt in sein Ausgabenheft ein: „Um sieben Uhr morgens auf einem privaten Boot abgereist, das mit mehreren Personen geteilt wurde, darunter Dr. Lindner aus Kurland. Alles in allem 30 Florins gezahlt, aber man kann Boote auch für 22 oder 28 finden außerhalb der Zeit der Frankfurter Messe. Die Handelsboote sind zu vermeiden, da sie zu langsam sind."[78]

Die erwünschte Geschwindigkeit ist ein interessanter Hinweis. Auf dem Rhein unterwegs herrscht in der Reisebeschreibung ein gemächliches Dahingleiten vor. Das deutet schon darauf hin, dass es hier um eine literarische Reise geht. Als einer der Wegbereiter der Rheinromantik spickt Aurelio de' Giorgi Bertòla seinen Text mit Motiven und Topoi, mit Diskurselementen und Zitaten, die sozusagen am Wege lagen. Mit Salomon Gessners *Idyllen*, Edward Youngs *Nachtgedanken*, Lavaters *Physiognomischen Fragmenten*, mit viel Empfindung und etwas Sturm und Drang, ein wenig Schauer und auch ästhetischen Theorien im Gepäck

77 Zit. n. Jörg-Ulrich Fechner: Aurelio de' Giorgi Bertòlas Deutschlandbild und die Begründung der Rheinromantik, Opladen 1974, S. 164.

78 Jörg-Ulrich Fechner, a.a.O., S. 173. Die Angaben zum Verlauf der Reise des Verfassers vom Gotthard bis Frankfurt am Main haben wir auch dem Buch von Jörg-Ulrich Fechner entnommen.

besteigt er das Boot. Er hat viel über den Rhein gelesen, auch die *Reise auf dem Rhein* von Joseph Gregor Christoph Lang, aus der er, beziehungsweise der Verlag, die pittoreske Rheinkarte übernimmt. Im Gegensatz zu Lang, der aus der Rumpelkammer eines alt- oder kerndeutschen Rheins die furchtlosen Ritter und züchtigen Frauen hervortreten lässt, nimmt der italienische Autor von europäischem Zuschnitt bei seiner vorromantischen Schilderung des Rheins nicht dessen trübe Nebenflüsse mit ihren pseudomythologischen Untiefen in Beschlag; er möchte vielmehr herausfinden, warum es am Rhein so schön ist, so ungemein malerisch und seine Landschaft so viele Perspektiven bietet. Bertòlas *Rheinreise* war ein großer Erfolg beim Lesepublikum beschieden. Das Rezensionsorgan *Göttingische Anzeigen von gelehrten Sachen* schrieb im zweiten Band auf das Jahr 1796: „Der Verfasser des Originals ist bereits unter uns als einer der bessern Italiänischen Schriftsteller bekannt, der Gefühl für Schönheit der Natur und geistreiche Darstellung in einem ausgezeichneten Grade vereinigt. (...) Es kann nicht fehlen, daß nicht eine zahlreiche Classe von Lesern, welche die reitzenden Gegenden, die hier beschrieben werden, sahen, ehe der Krieg sie verwüstete, mit erneuertem Vergnügen sie hier in diesem schönen Gemählde sich wieder vorgestellt sehen sollten; die traurige Veränderung selber, die sie erlitten haben, muß den Reitz desselben noch erhöhen. Es hat außerdem ein eigenes Interesse, einen Ausländer, zumal einen Italiäner, über die Schönheit deutscher Gegenden sprechen zu hören.“[79]

In der einflussreichen *Allgemeinen Literatur-Zeitung* vom 22. Oktober 1796 ist zu lesen: „Dies ist eine getreue Skiagraphie [Schattenmalerei zur Erzielung von Raumwirkung, d. A. nach Duden] von diesem Werke eines unterrichteten, scharfsinnigen und geistreichen Ausländers, über unsere vaterländischen, von so vielen Seiten interessanten, Rheingegenden. Er verdient schon deswegen, weil er ein, mit dem Innern dieser Gegenden vorher nicht vertraut gewesener, und richtig beobachtender Ausländer ist, gelesen zu werden, auch wenn wir Deutsche uns, wie doch nicht der Fall ist, vorzüglich vollständige Werke über den Rhein und seine Ufer rühmen könnten. Trefflicher Forster! – (dessen Grab der Vf. dieser Anzeige vor wenig Monden, in so mancherlei Hinsicht, mit inniger Wehmut betrat) – deinem hohen Talent, war vielleicht auch dieser Ruhm bestimmt! – aber auch diese Hoffnung ist mit dir dahin! (...) Die Ansichten dieser stolzen Flussufer sind am meisten

79 Zit. n. Jörg-Ulrich Fechner, a.a.O., S. 343.

malerisch unter allen in Europa. – Die Wellenlinien der Berge, welche unvermerkt in einander verfliessen, sich verschlingen und lösen, und in der reizendsten Unordnung hinschwinden, ihre abwechselnden Farben, jenes bewundrungswürdige Verhältnis zwischen den Höhen und Tiefen, den nähern und entferntern Partien und eine gewisse glückliche Vereinigung und Gedrängtheit aller Theile, welche eine leichte Übersicht des Einzelnen, aus einem Gesichtspunkt gestatten, – – endlich die Mannichfaltigkeit der Anlagen auf den Bergrücken und an ihren Seiten, von Schlössern, Städten, Dörfern, Weinbergen, Gärten; – – das alles stimmt zu einem grossen harmonischen Ganzen zusammen."[80]

Es berührt hier, dass der Mainzer Revolutionär Georg Forster zwei Jahre nach seinem Tod derart gerühmt wird. Es hatte längst schon seine Verdammung als Landesverräter begonnen. Dass eine Besprechung den Autor an entzückter literarischer Landschaftsmalerei zu übertreffen versucht, geschieht auch nicht häufig. Hier kann kein Satz lang genug ausfallen, um den Abbate de Bertòla, wie er auch genannt wurde, zu loben. Der Ausschnitt aus Bertòlas *Malerischer Rheinreise* beginnt mit der Abfahrt von Mainz am 22. September 1787. Es ist die schönste Jahreszeit im Rheingau.

Neunter Brief
Von Mainz bis Eibingen

Wir bestiegen unser Fahrzeug beim Anbruch des Tages. Schön und herrlich zu gleicher Zeit war uns der Anblick von Mainz bei der Entfernung von dieser Stadt, und die Ansicht ihrer sanften blühenden Hügel. Die lange Schiffbrücke war schon mit Menschen und Wagen bedeckt; und diese Unterbrechung des Stromes gab ihm, ich weiß selbst nicht welch ein gefälliges Ansehen von schwankender Ungewissheit. Die Festung Cassel, an seinem rechten Ufer, wohin die Brücke führt, und reizende, auf den grünen Höhen zerstreute Wohnungen brachen auf mannichfaltige Weise die Farbe des Flußes und seiner Umgebungen. Ein frisches Lüftchen kräuselte das Wasser und säuselte lieblich in den Bäumen am Ufer.

Diese Ufer sind ungefähr eine Viertelstunde über Mainz hinaus mit schattigten Weidenbäumen bepflanzt, die ihnen (...) ein abgeschmacktes, melancholisches Ansehen gaben. Wir hingegen hielten uns in der Mitte und entdeckten über den Weiden nicht nur dieselben Gegen-

80 Zit. n. Jörg-Ulrich Fechner, S. 342 f.

Blick auf den Rhein vor Assmannshausen

stände, die wir in der Nähe der Stadt gesehen hatten, ja bisweilen in einer noch größeren Klarheit und Mannigfaltigkeit, sondern wir bemerkten auch noch manches andere, was sich uns bis dahin verborgen hatte. Vorzüglich bilden die Gebirge gegen Norden, die ungefähr drei Meilen von Mainz entfernt liegen, ein höchst reiches Theater. Diese Gebirge schützen die Stadt gegen heftige Kälte, und decken dadurch zugleich die Weingärten mit ihren fröhlichen Umgebungen.

Bald erblickten wir jetzt hinter einer Ebene, die mit Pflanzen von dem mannigfaltigsten Grün bekleidet war, graue und blaue Berge; bald schöne Gruppen schattiger Bäume auf kleinen Inseln, vornehmlich nach Mombach zu, wo sich ein Bach in den Rhein ergießt, der etwas weiter hin die Gestalt eines regelmäßigen Kanals annimmt; bald neue, sich stufenweis erhebende Berge, auf deren Gipfeln hier und da eine alte Burg durch ihre Bauart und Lage romantische Bilder der Ritterzeit aufweckt. Die Dörfer erhoben sich und verschwanden vor unseren Augen gleich schwimmenden Inseln.

Nachdem wir einen Weg von zwei Stunden zurückgelegt hatten, bemerkten wir, daß sich die großen Kreise der Berge allmählich verengten. Die Gegend von Erbach, einem Dorfe auf dem rechten Ufer des Rheines, ist der Punkt, wo diese Verengung am sichtbarsten ist. Nahe dabei schlängelt sich ein Flüsschen herab und ergießt sich in den Rhein. Unmittelbar hinter Erbach erhebt sich eine Reihe schwellender Hügel, die mit Reben bedeckt und von Felsketten begrenzt sind. Eine angenehme Ungewissheit bemächtigte sich meiner Seele über den Vorzug der drei Partien, die mir hier vor Augen lagen. Denn diese Ufer, diese Hügel, diese Berge versprachen gleiche Anmut, Gesundheit und Ruhe.

Ungefähr eine Viertelstunde von hier bekommt der Fluß eine sanfte Krümmung zur Linken. Das Ufer ist überall mit Dörfern geschmückt. Schleichende Hügel und steile Gebirge, mannigfaltig an Gestalt und Farbe, bieten sich dem Auge auf einmal in einer Reihe dar. Ein Streifen von der Sonne verbrämter Wölkchen, durch einen schmalen Strich von der Sonne getrennt, zogen eine Art von Girlande um ihre ungleichen Gipfel, um gleichsam ihre natürliche Majestät zu vermehren. Etwas über der Krümmung des Rheines hinaus wird jene Bergreihe durch die Insel Münchau, mitten auf dem Flusse, durch eingeschnittene Berge, die sich hinter demselben bald zeigten, bald verbargen, durch das rechte Ufer, welches phantastisch gebildet und mit dichten Weinbergen bedeckt ist, und durch einige Dörfer fortgesetzt, welche eine angenehme Unterbrechung in der grünen Fläche machen.

Ich wendete meinen Blick zurück, aber kaum erkannte ich noch die Landschaft, die ich einen Augenblick vorher mit so offenen wie begierigen Sinnen betrachtet hatte. So sehr schien sie verändert. Ich sah die Reihe der Hügel jetzt gleichsam im Profil; ihre Ecken traten in einer anderen Richtung hervor, die Gruppen der Bäume erschienen in einem anderen Verhältnis; die Dörfer hielten sich zur Hälfte versteckt oder zeigten sich in einem größeren Umfang als vorher. Hieraus entsprang ein neuer Genuß; aber nie hätte ich geglaubt, daß Ungewißheit und Zweifel an Freuden so reich wären.

Das Ufer und die Aussicht des Flusses wird auf einmal durch das Städtchen Winkel auf der Rechten, das Dorf Weinsheim zur Linken belebt. Hier ergießt sich der Fluß Selz, welcher in der Unter-Pfalz entspringt, und auf einem kurzen Wege eine ansehnliche Menge von Bächen in seinen Schooß aufnimmt. Nicht weit davon trennt ein kleines Tal am westlichen Ufer, mit sanftem mannigfaltigem Grün bekleidet die Anhöhen, und auf seiner höchsten Seite steigt das Dorf Geisenheim empor. Der Rhein scheint die Gestalt des Landes nachbilden zu wollen und dehnt sich aus wie ein See. Etwas weiter hin bilden das Dorf Eibingen, durch welches ein starker Bach fließt, eine ihm gegenüber liegende

Insel, melancholische Pflanzungen an dem Rande ungeheurer Klüfte eines pyramidalischen Felsen, der beim ersten Anblick einem großen Mausoleum gleicht, dunkle, überhängende Massen an seinem Fuße und schlängelnde, bald in das Blaue, in das Rote spielende Streifen ein neues Gemälde, das dem Beschauer zuzurufen scheint: Betrachte mich, mahle mich, erforsche mich!

Zehnter Brief
Von Eibingen bis Bingen

Nach einer Reise von ungefähr sechs Stunden, sahen wir, daß sich die Berge an den Ufern stärker zusammenzogen und den Strom so sehr einengten, als ob sie ihm die weitere Fortsetzung des Weges verbieten wollten. Am östlichen Ufer erheben sich ihre Häupter stolzer und kühner, ohne sich doch der Herrschaft des Menschen entziehen zu können, der auch ihre Rücken, wo sie am stärksten von der Mittagssonne getroffen werden, mit Reben bepflanzt hat. Das westliche, minder steile und raue Ufer ist gleichsam ein Hain von Weinstöcken. Wir sahen zur Linken Kempten und Rochusberg, zur Rechten Rüdesheim liegen. Auf dem Berge gleichen Namens bemerkt man unverkennbar den langen Kampf, welchen die Betriebsamkeit der Menschen mit der Natur des Bodens gekämpft hat, und man nimmt mit Freuden wahr, daß jene häufig obsiegt hat und sich immer zu neuen Siegen bereitet. Lange Reihen von Weingärten laufen an den steilen und abschüssigen Höhen hin und ebenso viele kleine Mauern schützen sie. Das Zerfallen der Felsen selbst dient, je nachdem ihn die Luft zersetzt, zur Ergänzung der Mauern und zur Vermehrung des Erdreichs. Hin und wieder liegen beträchtliche Strecken unbebaut, was zwar dem Weinbauer, aber nicht dem Vorüberreisenden mißfällt, der in den vierfachen Streifen dieser Berge ein großes Mosaikgemälde zu erblicken glaubt. Denn hier breitet sich das Grün der Reben aus; dort zeigt sich ein fettes und schwarzes Erdreich zum Empfangen derselben bereit; gegen dieses stechen die weißen Mauern ab; und hier und da endlich dehnt sich ein dunkelgrauer Streifen breit und unregelmäßig aus, wo der Felsen seine nackten Wände zeigt. Diese Gegenstände sind zwar nicht selten in Gebirgen, aber wohl selten und auffallend ist die Wirkung, welche hier aus der großen und gleichsam isolierten Masse, an der diese Streifen sich hinziehen, aus der reizenden Ansicht von Rüdesheim, das wie ein Wächter der einsamen Weingärten am Fuße des Berges liegt, und dem Schlosse Ehrenfels auf dem Gipfel desselben, aus dem majestätischen

Strome, in welchem sich dieser kühne Riese spiegelt, und endlich aus dem Kontraste der benachbarten Gegenden, vornehmlich des entgegengesetzten Ufers entspringt, welches sich sanfter erhebt und über und über mit einem frischen Grün bekleidet ist.

Es ist bekannt, welche bewundernswürdige Wirkung der Kontrast in den Werken der Kunst hervorbringt; auch in den Schauspielen der Natur ist er von einer magischen Kraft. Aber in diesen, und vielleicht auch in jenen, gibt es Kontraste, die nicht für jedes Auge geeignet sind. Da, wo sie aus feinen Nuancen, flüchtigen Beziehungen, ganzen Massen und sittsamen Farben entstehen, und also dem Blicke nicht sogleich alle ihre Verschiedenheiten, alle ihre versteckten Mischungen darbieten, muss man seine Augen in der Betrachtung ländlicher Schönheiten geübt haben, um sie wahrzunehmen. Die Ufer des Rheines bieten deren unzählige dar; und der Kontrast, den ich hier zuletzt erwähnte, ist zum Teil von dieser Art.

Wir näherten uns Bingen. Um diese Stadt herum gewinnen die Berge, Hügel und Täler eine sanfte Ordnung, Zierlichkeit und Harmonie. Entzückt von der Schönheit der Aussicht, welche vor mir lag, beschloss ich, sie noch einmal zu genießen und befahl, als wir dem Ufer schon ganz nahe waren, eine Strecke zurückzufahren. Ich kehrte dem Strome den Rücken zu. Indem sich nun die Szene ein wenig verkleinerte, so wie sie sich beim Hinunterfahren allmählich vergrößert hatte, schien sie mir zwar neu, aber weniger schön; und es tat mir leid, daß ein so feiner Beobachter, wie de Luc [Jean André de Luc, Schweizer Geologe und Meteorologe; wurde 1798 zum Professor für Philosophie und Geologie in Göttingen ernannt, bereiste den Rhein, d. A.] Bingen nicht anders, als im Aufsteigen des Flusses nach Mainz zu gesehen hatte. Ich will die Ursachen der Verschiedenheit in diesen beiden Ansichten nicht ängstlich aufsuchen, aber es scheint mir, daß sie eben sowohl physischer als moralischer Natur sein könnten. Sollte nicht die relative Bewegung, welche die Teile gewisser Aussichten annehmen, und die verschiedene Ordnung, in der sie erscheinen, durch die Stellung und Richtung dessen, der sich ihnen nähert, an Anmut verlieren oder gewinnen, sowie ungefähr dieselben Töne in verkehrter Ordnung angegeben, alle ihre Harmonie verlieren und zu wahren Dissonanzen werden können? Die Ansicht an Bingen gewinnt an Harmonie, so wie man sich dieser Stadt nähert; die Anordnung der einzelnen Teile vervollkommnet sich, und gewinnt einen so leichten und zarten Schwung, ein so glattes und lichtvolles Ansehen, daß man fast überzeugt wird, die Gegend dürfte nicht anders als in dieser Richtung gesehen werden. Das lebhafte Vergnügen einer plötzlichen Überraschung will ich nicht einmal in Anschlag bringen. Entfernt man sich aber von dieser Ansicht, so verdunkelt und verwirrt sich die Anordnung ihrer Teile; die Gegenstände gruppieren sich auf eine einförmige Art; und zu dem allen gesellt sich der Verdruß, eine lachende Gegend verlassen zu müssen, dahingegen dem, der sich ihr nähert, das Herz von immer wachsendem Vergnügen schwillt. Indem ich mich wieder nach Bingen wendete, erinnerte ich mich nicht mehr, dass ich mein Fahrzeug hatte umdrehen lassen. (...)

Zwölfter Brief
Von Bingen bis Assmannshausen

Der Mündung der Nahe gegenüber genossen wir einen neuen und reizenden Anblick. Von einer ansehnlichen Brücke überspannt, strömt sie, gleich einem langen Kanal, durch einen anmutigen Berggrund herab, und tritt stolz in den Rhein, welcher ihrer Umarmung entgegen eilt. Der nämliche Berggrund bot uns in der Folge noch einen reizenden Anblick dar. Durch ihn und durch den einströmenden Fluß gewinnt die Ansicht der Stadt außerordentlich. Bingen gegenüber tritt eine Landspitze hervor, jenseits welcher der Rhein, der bis dahin ruhig strömte, tosend und schäumend rauscht, indem er sich durch Klippen drängt, welche dem unerfahrnen Schiffer den Untergang drohen. Wir befuhren diese Stelle nicht in der günstigsten Zeit. Das Wasser des Flusses ging weder hoch genug, um eine sichere Fahrt über die Klippen zu verstatten, noch auch niedrig genug, um sie zu entblößen und dem Schiffer den gefahrlosen Durchgang zu zeigen.

Nachdem wir indessen diese Gegend glücklich passiert hatten, verweilten wir mit unseren Gedanken bei der Vorstellung der Gefahr, welcher wir eben entgangen waren, und die mit den anmutigen Bildern, an denen wir uns kurz vorher geweidet hatten, einen sonderbaren Kontrast machte. Diese Stelle heißt das Binger Loch. Hier liest man gleichsam einen Teil der Geschichte des Rheins. Indem er sich zwischen diesen Felsen drängte, hat er eine Kluppe gebildet, die ihm in der Folge zur Eroberung eines regelmäßigen Gebietes geholfen hat. Und da er anfänglich bis an das entgegengesetzte Ufer zurückgestoßen wurde, hat er auch hier manches Zeichen seines Zornes und seiner Kraft zurückgelassen. (...)

Nicht weit von hier erneuern sich die Felsengruppen. Ein altes Schloß auf dem Gipfel eines Berges erhebt die Aussicht, welche sich bis nach Assmannshausen erstreckt. Dieses Dorf ist wegen seines vortrefflichen roten Weines berühmt. Der ganze Landstrich, vorzüglich auf der östlichen Seite von Mainz bis hierher heißt der Rheingau. Er ist durch seinen edlen Wein berühmt.

Ich weiß nicht, ob man schon genug auf den Unterschied geachtet hat, den die Verschiedenheit der Produkte eines Landes in dem Charakter seiner Bewohner bewirkt. Mir scheint es, als ob einige Arten des Landbaues dem Geiste eine düstere und melancholische Farbe gäben, andere ihn zur Unruhe, noch andere zu anderen Leidenschaften und Empfindungen stimmten. Den Einfluß abgerechnet, welchen der Genuß des Weines auf das Gemüt hat, pflegt der Weinbau den Landmann munter und vergnügt zu machen. Vielleicht bringt der Anblick des Rheines selbst; vielleicht auch das fröhliche Bild der Weinlese, das sich, bei der Bearbeitung der Reben der Einbildungskraft unaufhörlich darbietet, diese Stimmung hervor. So viel ist gewiß, daß ich keine zufriedenere und vergnügtere Art von Landleuten gesehen habe, als die Weinbauer. (...)"[81]

Geisenheim hat eine berühmte Hochschule. Und beweist, dass der Besuch eines amerikanischen Schriftstellers für eine Stadt auch dann eine enorme Bedeutung haben kann, wenn er die Stadt nie betreten hat. Seit dem 1. Januar 2013 existiert die Geisenheim University als Hochschule des Landes Hessen. Die frühere Forschungsanstalt war schon berühmt für ihre Forschungen auf dem Gebiet des Weinbaus. Der Rheingauer Wein ist mit dieser Hochschule untrennbar verbunden.

Der nun zu empfehlende Leseort ist eine Sektkelterei. Hier arbeiten immer Studierende der Hochschule Geisenheim, um ihr Studium zu finanzieren und wahrscheinlich auch, um zu lernen, wie man zum Beispiel Assmannshäuser Spätburgunder in Champagner verwandeln kann, dass man ihn aber nicht so nennen darf, weil es außerhalb der Champagne grundsätzlich keinen Champagner gibt. Trotzdem: der Sekt von Bardong schmeckt, ob rot oder weiß oder dazwischen. Ein Leseort wird die Kelterei in der Bahnhofstraße neben dem Weingut der Gebrüder Grimm [wie es wirklich heißt, d. A.], weil im großen Keller regelmäßig Lesungen beim Rheingau Literatur Festival stattfinden. Eine Plakatgalerie zeigt, wer schon alles da war. Dort setzt man sich in die Halle auf ein Sofa, probiert den Sekt, zieht ein Buch aus der Tasche und fragt den Chef oder die Chefin namens Bardong, ob man ein Weilchen lesen darf. Antwort: „Ja". Vorausgesetzt, es ist jemand da. Für die eine Strophe mit den *Glocken von Geisenheim*, aus dem amerikanischen Englisch übersetzt von Ferdinand Freiligrath, reicht es immer:

Henry Wadsworth Longfellow und die Glocken von Geisenheim

„Was für ein Läuten mag das sein,
es klingt so mild, so tief und rein?
Das ist zum Sonnenuntergang,
voll Wehmut, dass der Tag versank,
der Glockenklang von Geisenheim.“

Originalfassung:

„What bells are those, that ring so slow,
So mellow, musical and low?
They are the bells of Geisenheim.
That with their melancholy chime
Ring out the curfew of the sun!“[82]

Longfellow-Brunnen in Geisenheim

Um die lange und ziemlich verwickelte Geschichte vom nicht stattgefundenen Longfellow-Besuch in Geisenheim zu lesen, setzt man sich am besten auf eine Bank am Longfellow-Brunnen am Domplatz. Dort kann man dann auch noch einmal die Ballade von Adelheid von Stolterfoth (s. S. 100) lesen. Sie wohnte nämlich von 1825 bis 1850 in Geisenheim.

Die Essenz der Geschichte des nicht in Geisenheim gewesenen Dichters Longfellow lautet: Longfellow wanderte bei den Besuchen am Rhein mit seinem Freund Freiligrath, der in St. Goar wohnte, den Fluß hinauf. Auf dem Rochusberg hörten sie quer über den Fluß die Glocken des Doms von Geisenheim. Das hat Longfellow 1851 dazu inspiriert, eine Strophe des sehr langen „dramatischen Gedichts“ *The Golden Legend* den Glocken von Geisenheim zu widmen. Die komplette, sehr verwickelte und ziemlich witzige Geschichte über die *Glocken von Geisenheim* findet man im SPIEGEL 40/1954 online.

81 Mahlerische Rheinreise von Speyer bis Düsseldorf. Aus dem Italienischen des Abbate de Bertòla, Mannheim 1796. Unser Auszug aus dieser Ausgabe wurde behutsam modernisiert.

82 Henry Wadsworth Longfellow: The Bells of Geisenheim. Zit. n. Wolf-Heino Struck: Geschichte der Stadt Geisenheim. Frankfurt am Main 1972, S. 202f.

Rheingauer Dom
in Geisenheim

Friedrich Schlegel: Ruinen am Rhein

In seinem 1840 in Düsseldorf erschienenen, damals vielgelesenen Werk *Das malerische und romantische Rheinland in Geschichten und Sagen* gibt Johann Wilhelm Spitz eine Verzichtsempfehlung, die ein paar Jahre zu spät kam:

„Nur die Schönheit der Rheingegenden, wie sie jenseits Mainz beginnen, habe ich auch in den magischen Träumen nie geahnet und das große romantische Gedicht, welches die Natur hier aufrollt, läßt uns staunen, verstummen glückselig lächeln und anbeten! Nicht der Idee bedürfen diese paradiesische Strecken, nicht der Erinnerung an die Vorzeit und die Geschichte, welche aus verwitterten Denkmälern kolossal in die Gegenwart schaut und ihr ernstes Antlitz in dem Strome zu spiegeln scheint, indem sie uns hier die hohen Römertaten, dort die gewaltige Kraft unserer Urväter, drüben die Siege des Christentums und jenseits die lieblichen Töne des Minnegesangs zuruft, beide Gelände mit den üppigsten Gewinden der Dichtkunst umkränzt, und die alte Sage wundersam zu dem Wellengeräusche plaudern lässt. Nein, diese Gegenden sind sich selbst genug und wiegen sich glücklich wie ein süßes Götterkind in eigenen, unvergänglichen Reizen. Laßt die Geschichte schweigen und die Sage verstummen, dennoch wirst du den Strom hinabgleiten, unendlich selig und glücklich sein und jede Ahnung und Sehnsucht in dir gelöst und befriedigt fühlen."[83]

35 Jahre zuvor kam ein Text heraus, in dem genau dies alles zu finden war. Die Idee, Erinnerungen an Vorzeit und Geschichte, verwitterte Denkmäler und manches mehr. Der Text steht in den *Briefen auf einer Reise durch die Niederlande, Rheingegenden, die Schweiz und einen Teil von Frankreich* von Friedrich Schlegel.[84] Den komprimierten Aussagen über Romantische Landschaft, Geschichte, besonders der Deutschen, Ruinen und christliche Kunst liegt Schlegels erste Begegnung mit dem Rhein im Frühjahr 1802 zugrunde. Dorthin war er aus Jena gekommen, das zu dieser Zeit die Brutstätte romantischer Philosophie war. Zwischen 1798 und 1800 hatten August Wilhelm und Friedrich Schlegel dort das Zentralorgan der Frühromantik, die Zeitschrift *Athenaeum,* herausgegeben. Etwas überspitzt kann man sagen, Friedrich Schlegel sei mit seinen Ideen einer romantischen Poesie und Geschichtsphilosophie über den Rhein hergefallen. Der Fluss war zu Anfang des 19. Jahrhunderts – wie unsere Auswahl vorromantischer Texte über den Rheingau zeigt – kein unbeschriebenes Blatt, keine poetisch unberührte Landschaft. Auch Schlegels Ansichten über die verfallenen Burgen, die wilde Natur und das „flüssige Gold des alten Weines" hatte man nicht zum ersten Mal gelesen. Er wertet aber das Bekannte um, romantisiert die Landschaft so, dass sie als Verbün-

83 Johann Wilhelm Spitz (Hg.): Das malerische und romantische Rheinland in Geschichte und Sagen. Zwei Bände, Düsseldorf 1840, Zweiter Band, S. 213.

84 Friedrich Schlegel: Briefe auf einer Reise durch die Niederlande, Rheingegenden, die Schweiz und einen Teil von Frankreich erschienen zuerst in Schlegels Poetischem Taschenbuch für das Jahr 1806 in Berlin. Wir zitieren aus: Kritische Friedrich Schlegel-Ausgabe. Hg. v. Ernst Behler, Jean-Jacques Anstett und Hans Eichner. Bd. 4.1. Paderborn 1959.

dete der Naturphilosophie, als Zwillingsschwester der Kunst dasteht: „Überall belebt durch die geschäftigen Ufer, immer neu durch die Windungen des Stroms, und bedeutend verziert durch die kühnen, am Anhange hervorragenden Bruchstücke alter Burgen, scheint diese Gegend mehr ein in sich geschlossenes Gemälde und überlegtes Kunstwerk eines bildenden Geistes zu sein, als einer Hervorbringung des Zufalls zu gleichen."[85]

Das Raue und Wilde der in den Beschreibungen der Rheinlandschaft schon immer übertriebenen Felsen, auf denen die Burgruinen stehen, wird noch rauer und wilder; es wird aber vor allem schön und erhaben. Nicht schauerlich und schrecklich. Das alles reicht aber nicht. Der Rhein mitsamt Ruinen muss auch das „deutsche Naturgefühl" bezeugen. Das nämlich, so zeigen es schon die „alten deutschen Gemälde", schwankt zwischen „Garten und Wildnis". Nebenbei erfährt der Leser auch, dass die Deutschen schon immer die Neigung hatten, auf Bergen zu wohnen. Der Rhein wird mehr und mehr zum Speicher alter, „echter" deutscher Wesensart. Und er soll in Zeiten des Krieges mit den Truppen Napoleons und der Besetzung großer Teile der linken Rheinseite als Jungbrunnen für den Kampf gegen die Franzosen taugen.

„Man betrachtet (...) Ruinen alter Burgen entweder nur mit einer oberflächlichen ästhetischen Rührung, als den unentbehrlichen romantischen Hintergrund für allerlei beliebige moderne Gefühle, oder man sieht darin nur Raubschlösser, welche nach angeordnetem Landfrieden zerstört worden sind und zerstört werden mußten; unstreitig waren das viele, vielleicht die meisten von denen, deren Trümmer man jetzt noch sieht; aber man sollte nicht immer und überall nur die letzte Entartung mit der Sache selbst verwechseln, und von sich selber den sie für die herrlichsten Denkmale der Vergangenheit abstumpfen. Wenn wir nur die Geschichte aufrichtig befragen wollten, sie würde uns, glaube ich, belehren, daß es manche solche Burgen gab, Jahrhunderte, ehe die große Fehde zwischen dem Landadel und den reichen Handelsstädten in einer Art von fortgehenden Bürgerkrieg ausgebrochen war, Jahrhunderte lang, ehe noch an eigentliches Faustrecht, Landfrieden, und was dem weiter anhängen mag, gedacht worden war; ja, daß die Neigung der Deutschen, auf Bergen zu wohnen, an Bergen vorzüglich sich anzusiedeln, so alt sei, daß man diese Neigung wohl nicht mit Unrecht zu dem

85 Kritische Friedrich Schlegel-Ausgabe, a.a.O., S. 172

ursprünglichen Charakter der Nation rechnen könnte. Eine erhabene und edle Neigung! Schon ein Blick von der Höhe, ein Atemzug auf freien Bergen, versetzt uns wie in eine andere leichtere Welt, ist uns ein erquickendes Labsal, wo wir das Einerlei der Fläche vergessen, und neuen Lebensmut einsaugen im Anblick des herrlichen Erdbodens vor uns. Aber wie ganz anders muß es erst sein, immer da zu wohnen und zu sein, wo wir jetzt einmal an seltenen Tagen mühsam hinaufsteigen, um doch auch einmal zu fühlen, wie einem zu Mute sein muß, der da lebt und in Freiheit atmet; immer die Erde vor sich zu sehen in ihrem reichen Schmuck, in allen Zeiten des Tages und des Jahres, wo alles sich deutlicher und merkwürdiger zeigt, das Ziehen der Wolken, das Aufblühen des Frühlings, mondhelle Nacht, ja selbst Ungewitter, und die weißen Felder des Winters. Für mich sind nur die Gegenden schön, welche man gewöhnlich rau und wild nennt; denn nur diese sind erhaben, nur erhabene Gegenden können schön sein, nur diese erregen den Gedanken der Natur. Der Anblick üppiger, reicher Fluren erweckt auf eine angenehme Weise zum freudigen Genuß des Lebens, wenn man lang in Städten gefangen saß; diese blühenden Reize der Natur rühren umso kräftiger an unser Herz, je seltener sie genossen werden. Alles ist da nur Gefühl einer angenehmen Gegenwart, nichts erinnert uns an die große Vergangenheit. Jene Felsen aber, die wie sprechende Denkmale von den alten Kriegen im Reiche der noch wilden Natur dastehen, von den furchtbaren Kämpfen der in ihrer Gestaltung gewaltsam ringenden Erde so deutlich reden, sind ewig schön, und machen immer den gleichen, nie ermattenden Eindruck. Wie das Rauschen des Waldes, das Brausen der Quelle uns ewig in dieselbe Schwermut versenkt, wie das einsame Geschrei wilder Vögel eine schmerzlich freudige Unruh und Begierde der Freiheit ausdrückt, so fühlen wir in dem Anblick der Felsen immer die Natur selbst; denn nur in den Denkmalen alter Naturzeiten, wenn Erinnerungen und Geschichte in großen Zügen vor unser Auge tritt, tun wir einen Blick in die Tiefe des erhabenen Begriffs, der nicht beim Genuß der angenehmen Oberfläche schon hervortreten mag. Nichts aber vermag den Eindruck so zu verschönern und zu verstärken als die Spuren menschlicher Kühnheit an den Ruinen der Natur, kühne Burgen auf wilden Felsen – Denkmale der menschlichen Heldenzeit, sich anschließend an jene höheren aus den Heldenzeiten der Natur; die Quelle der Begeisterung scheint sich sichtbar vor unsern Augen zu ergießen, und der alte vaterländische Strom erscheint uns nun wie ein mächtiger Strom naturverkündender Dichtkunst. –

Wie kühn auch andre Quellen sprudeln, brausen,
Wo sonst die Dichter schöne Weihe tranken,
Den Kunstberg stets anklimmend ohne Wanken,
Bis wo die ewig heitern Götter hausen;
Ich wähle dich, o Rhein, der du mit Sausen
Hinwogst durch enger Felsen hohe Schranken,
Wo Burgen hoch am Abhang auf sich ranken,
Ans Herz den Wandrer greift ein ahnend Grausen.
Schnell fliegt in Eil auf grünlich hellen Wogen
Das Schifflein munter hin des deutschen Rheines,
Wohlauf gelebt! das Schifflein kehrt nicht wieder.
Mut, Freud' in vollen Bechern eingesogen
Krystallen flüssig Gold des alten Weines,
Singend aus freier Brust die Heldenlieder.

Längs dem Rhein herauf sieht man noch viele Rudera [Schutthafen, Ruinen, d. A.] römischer Kastelle, Türme und Mauern, die zu manchen Betrachtungen Veranlassung geben. Hier war ehedem die ängstlich bewachte Grenze des Römischen Reichs; wie ähnlich sind sich oft auch die entferntesten Zeiten, und was würde wohl aus dem Menschengeschlecht geworden sein, in welchen bodenlosen Abgrund von Erniedrigung würde nicht alles versunken sein, wenn diese römischen Grenzen geblieben wären, und nicht endlich das edelste Volk der Erde sie durchbrochen, der Knechtschaft ein Ende gemacht, und statt derselben wieder eine Verfassung eingeführt hätte, die auf Treue gegründet war und auf Freiheit, auf alte Sitte, auf Ehre und Gerechtigkeit mehr als jede andere gepriesene Einrichtung älterer und neuerer Zeiten. Freilich konnte eine so willkürliche Grenze nicht Grenze bleiben. Doch muß man das Verfahren der Römer, um es erklärbar zu finden, nicht nach unsern Ansichten und Verhältnissen beurteilen. Und scheint es durchaus nicht tunlich, einen Fluß als natürliche Grenze behandeln zu wollen, der doch vielmehr ein Medium des lebhaften Verkehrs und der verdoppelten Vereinigung ist, als eine unter den Menschen, die Sprache, und dann im Lande hohe Gebirge, deren Stelle allenfalls noch große Waldungen ersetzen können. Aber damals bei der Unerfahrenheit des südlichen Stammes der Deutschen mit aller Schiffahrt, bei dem Mangel an Belagerungswerkzeugen, konnte es doch eine hinlängliche Schutzwehr für die Römer sein.

Bei Rüdesheim, gegen Bingen über, wo die Enge der Felsen am furchtbarsten und geschlossensten ist, wo der alte deutsche Turm mitten im Strom eine so eigene Ansicht gewährt, ist eine der bedeutendsten römischen Ruinen zu sehen, hart am Ufer des Stromes.

Jene Reihe von Ruinen altdeutscher Burgen, welche den Rheinstrom hinauf und hinab so herrlich umkränzen, gibt uns aber außer dem unmittelbaren Naturgefühl noch zu einer andern Betrachtung Gelegenheit; indem wir in dieser ursprünglich deutschen Gewohnheit und Neigung zum kühnsten Felsenbau allerdings das Eine Element der später so kunstreich entwickelten gotischen Baukunst bemerken. Burgen hatten und bauten die Deutschen, seit den ältesten Zeiten, schon in den germanischen Wäldern, wie Tacitus deren in Hermanns und Marbods Geschichte erwähnt; lange vor der Anlage der geschloßnen Städte, welche vielmehr nach dem Vorbilde der Burgen ummauert wurden, ja noch ehe jene größeren Vereine von Landhäusern und Bauersitzen, die wir Dörfer nennen, allgemein gebräuchlich waren. Diese Burgen waren die Fürsten- und Heldensitze, welche unter den einzeln zerstreuten Meierhöfen dastanden, zur Verteidigung gegen den Feind in mannichfacher Fehde und zum festen Gewahrsam im stets gewaffneten Frieden. Eigentliche Gotteshäuser hatten die alten Germanier nicht, da sie in der Regel die Feuer auf den Bergen anzündeten, und die Opfer am einsamen See darbrachten, oder in der Einöde des Waldes, unter den heiligen Eichen. Auch die Gebeine der Helden deckte der aufgeschüttete Hügel der Hünengräber, oder sie wurden im tiefen Bette des abgeleiteten Stromes versenkt. Es ist also die ganze germanische Bauart, nicht wie bei andern Völkern von den Tempeln und Gräbern, sondern allein und ganz vorzüglich von den Burgen ausgegangen, welche schon das Bedürfnis der leichteren Verteidigung und der Vorteil einer freien Umsicht veranlassen konnte, mehrenteils auf Bergen anzutürmen; wie auch andre kriegerische Nationen die Kastelle wohl auf die Höhen hingesetzt haben. Nur so allgemein, wie bei allen deutschen und gotischen Völkern ist dieses bei den andern nicht jederzeit gewesen; wobei auch eine besondre Neigung sichtbar ist, grade die kühnsten Stellen vorzugsweise zu wählen, und Türme und Mauern auf eine oft unglaubliche Weise, wie hohe Adlerneste, an die schroffsten Felsenspitzen festzuhängen oder einzuklammern. Das deutsche Naturgefühl, die zum Bedürfnis gewordne Neigung, das Auge an dem Anblick dieser irdischen Naturherrlichkeiten zu weiden, hat auch seinen Anteil daran gehabt; mit Rührung sehen wir noch die Trümmer von des großen Theoderichs Schloß zu Terracina, oben auf der Zinne des Berges, die Aussicht über das Meer weithin beherrschend. So plump nun auch die Bauart der Burgen ursprünglich gewesen, so roh sie in den allermeisten Fällen geblieben sein mag, indem gewiß viele tausend Burgen erbaut und wieder zertrümmert wurden, ehe auch nur eine die Kunst und prachtvolle Schönheit der hohen Kaiserburg des Barbarossa erreichte; so hat doch der in diesen altdeutschen Burgen und ihrer Bauart liegende und in ihr entwickelte eigentümliche Sinn, einen unverkennbar großen Einfluß auf die Ausbildung der gotischen Baukunst gehabt. Nicht in einzelnen Ähnlichkeiten besteht derselbe; denn wo sich diese an einigen Kirchen mit den Burgen findet, und in den Zinnen und in der sonstigen Struktur sichtbar hervortritt, da sind es mehrenteils nur Kirchen von einem roheren Baustyl, denen dieses eigentümlich ist. In der ganzen Tendenz und innern Idee dieser Bergschlösser aber lag eine Veranlagung, jene kühne, baukünstlerische Fantasie, zu erregen und zu nähren, welche die gotische Baukunst in allen ihren Epochen ausgezeichnet hat und gleich bei der ersten Erscheinung und den frühesten Hervorbringungen derselben, von Theoderich an, als die auffallendste Eigenschaft und charakteristisches Merkmal derselben aufgefaßt und betrachtet wurde. Die mannigfaltigen Zwecke für Krieg und Frieden, welche in einer solchen Ritterburg vereinigt werden mußten; die verschiedene Lage und Umgebung und die besondern Lokalumstände, worauf dabei Rücksicht zu nehmen war, die oft schwierige und seltsame Gestaltung des Felsengrundes, auf welchem der Bau sich erheben sollte; führten unvermeidlich eine große Unregelmäßigkeit herbei, welche bald ein Wohlgefallen an dem Kühnen und Seltsamen erregte, eine absichtliche Wahl desselben veranlaßte, und jene wunderbare Fantasien der Bauart begründete, welche das Eine Element der gotischen Baukunst geworden ist, so und so wie das andre in dem altchristlichen Kirchenstyl und seiner siderischen Bedeutung gefunden war; und diese beiden Elementen zusammengenommen, enthalten eben den vollständigen Aufschluß über das ganze Rätsel dieser sonderbaren Kunsterscheinung.

Das deutsche Naturgefühl, als die Wurzel und lebendige Quelle, aus welcher alles hervorgegangen ist, muß uns dabei immer gegenwärtig bleiben. In zwiefacher Weise wird der Reichtum der Erde, oder die Natur, in der Kunst, besonders auch in den alten deutschen Gemälden aufgefaßt; als Garten oder als Wildnis. Als Garten d. h. als buntgeschmückter Teppich des Frühlings, oder in einem tiefern Sinne, als das hochzeitliche Blumengewand der beseligten Braut; oder als Wildnis, d. h. um in demselben Gleichnisse der Wahrheit fortzufahren, im halb zerrißnen Schleier der ewigen Trauer und öden Witwenklage. Der Garten, in diesem symbolisch künstlichen Sinne; ist schon ein erhöhter, schön gewordner und verklärter Zustand; in der Einöde ist es die wirkliche Natur selbst, deren Gefühl uns mit jener tiefen Trauer erfüllt, die zugleich etwas so wunderbar Anziehendes hat. Einsam steht der Sohn des Himmels in der Wildnis der Natur und irrt umher mit dem Gefühl, das Herz des Vaters zu suchen, den er verloren hat, in nie gesättigtem oder ganz gelindertem Schmerz der Trennung. Dieses ist der zweifache Sinn der Natur und der schönen Landschaft für die Kunst im Gemälde. Wie eine kriegerisch ummauerte Wagenburg und ein festes Waffenschloß stehen auch jene altdeutschen Felsengebäude, in der Einöde der wilden Natur, deren Gefühl genau mit jener wunderbaren Bauart zusammenhängt. In der höheren Baukunst aber ist es nicht mehr die wilde Natur in ihrem Klagegefängnis, welches nachgebildet oder dargestellt wird, sondern die verklärte und in der Verklärung frei und voll aufblühende Natur, als himmlische Gottes-Stadt und das geordnete, siderische Haus der verherrlichten Schöpfung; nach der herrschenden Grund-Idee der vollkommenen Kirche im altchristlichen Styl."[86]

Ein „deutsches Naturgefühl", das sich nach Friedrich Schlegel zwischen Garten und Wildnis, erhabenen Felsen und über dem Abgrund thronenden Burgen bildet, sollte später nicht selten in schwindelerregende Untiefen führen. Hier und da öffnet die Rheinromantik aber auch schon Fenster, durch die eine andere Luft hineinweht. Eine europäische und dann sogar eine amerikanische Luft. Erst aber soll ausführlich Clemens Brentano zu Wort kommen. Mit ihm Achim von Arnim, dann auch Bettine Brentano.

Clemens Brentano: Himmel oben, Himmel unten

„Himmel oben, Himmel unten,
Stern und Mond in Wellen lacht,
Und in Traum und Lust gewunden
Spiegelt sich die fromme Nacht
Welch entzückend laues Wehen!
Blumenatem! Traubenduft!
Wie die Felsen ernsthaft sehen
In des Widerhalles Kluft!
Rhein, du breites Hochzeitsbette!
Himmelshohes Lustgerüst!
Wo sich spielend um die Wette
Stern und Mond und Welle küßt."[87]

86 Kritische Friedrich Schlegel-Ausgabe, a.a.O., S. 186-192.

87 Clemens Brentano: Das Märchen von dem Rhein und dem Müller Radlauf. In: Ders.: Werke in zwei Bänden. Hg. von Friedhelm Kemp und Wolfgang Frühwald. Band 2, München1 972, S. 85.

In diesem Gedicht von Clemens Brentano zeigt sich eine ganz andere Auffassung der Natur als bei Schlegels Anrufung altdeutscher Empfindungen. Brentanos poetische Empfindungen in *Himmel oben, Himmel unten* resultieren aus einem lustvollen Schwindel, der die Wahrnehmung in Aufruhr versetzt. Spiegeleffekte, Düfte, ein warmer Wind und ein Echo, das zu hören und zu sehen ist. Hier ist eine romantische Ästhetik der Vermischungen, der Synästhesie am Werk. Die Poesie selbst erzeugt romantische Empfindungen. Im Ostein'schen Park findet Clemens Brentano eine inszenierte Natur, die den Regeln einer solchen Poesie zu gehorchen scheint.

Der Ostein'sche Park

Joseph Gregor Lang erwähnt in seiner *Reise auf dem Rhein* einen „viereckigen Turm", den der Graf von Ostein erbauen ließ, um die „vortreffliche Aussicht zu genießen". Heute ist der Ostein'sche Park Teil der Welterbestätte Oberes Mittelrheintal und vielleicht wird der 27. Juni noch einmal zu einem regionalen Feier- und Freudentag; denn an diesem Tag im Jahre 2002 wurde das Tal in die Welterbeliste der UNESCO aufgenommen. Das Erbe reicht von Bingen/Rüdesheim, vom Stromkilometer 562 bis Koblenz und ist 67 km lang. 2016 wurde am Niederwalddenkmal ein Besucherzentrum eröffnet. Jetzt kann ohne Übertreibung von einem großen Glück gesprochen werden; denn mit der klug eingerichteten Wiederherstellung des Ostein' schen – früher Niederwald genannt – 350 Hektar großen Parks wurde nicht nur ein grandioses Areal herausragender Gartenarchitektur restauriert, es wurde auch ein Herzstück romantischer Literaturlandschaft gerettet. Der Ostein'sche Park nämlich war vergessen worden, war hinter dem wahrlich unübersehbaren Niederwalddenkmal in einen tiefen Schlaf versunken. Neben dem exquisiten Vergnügen, bei der Wanderung durch den Park sich selbst zum Experimentierfeld wechselnder Empfindungen zu machen, existieren jetzt hervorragende Leseorte. Es war die Absicht des Königlich-Kaiserlich wirklichen Geheimratsrats und Kurmainzer Kämmerers Karl Maximilian von Ostein, mit dem Landschaftspark einen Parcours von Wechselbädern menschlicher Empfindungen zu schaffen. Schauder, Schwindel, Furcht und Enge auf der einen, Entzücken, erhabene Aussichten, gehobene Seelenstimmung und auch botanische Belehrung auf der anderen. Dem lag die Erkenntnis zu Grunde, dass Gemütserregung und Empfindungsschwankung durch Kunst, eben auch Gartenkunst,

Das Niederwald-denkmal oberhalb von Rüdesheim

genauso möglich ist wie Geistesbildung durch Vortrag oder Lektüre. Max Graf von Ostein beendete seine – wie man gern sagte – „zu den schönsten Hoffnungen Anlass gebende Karriere" im Fürstbistum Mainz abrupt, als er mit 28 Jahren von seinem Onkel, dem Erzbischof und Kurfürsten von Mainz, ein beträchtliches Vermögen und die Ländereien erbte, die er dann in den Niederwald-Park verwandelte. Seine produktive Besessenheit ähnelt den landschaftskünstlerischen Ambitionen des Hermann von Pückler-Muskau. Der Ostein'sche Park wurde in ganz Europa bewundert, bevor er hinter dem monumentalen Niederwalddenkmal in Vergessenheit geriet.[88]

Max von Ostein begann seine Parkbauten mit dem Umbau eines aus dem 17. Jahrhundert stammenden Hofguts in ein Jagdschloss mit Zufahrtsallee.

88 Einen guten Überblick zu Anlage und Geschichte des Ostein'schen Parks bietet Karl Weber: Revitalisierung des Ostein' schen Parks oberhalb von Rüdesheim im UNESCO-Welterbe Oberes Mittelrheintal. In: Hefte des deutschen Nationalkomitees, Band 57 (2013), S. 146–152.

Friedrich Carl von Savigny (1779 – 1861)

Zwischen 1774 und 1777 folgte eine Reihe von Holzbauten: ein Bauernhaus, eine Eremitage mit ausgestopftem Eremiten wie im Park der Wilhelmsbader Kuranalage, die Imitation eines Kohlenmeilers, der täuschend echt qualmen konnte. Schon 1774 wurde die „Rossel" gebaut, eine der ältesten künstlichen Ruinen in Deutschland. Von dort bietet sich ein grandioser Blick auf den Mäuseturm und den oberen Teil der Ruine der Hangburg Ehrenfels. Zwischen 1787 bis 1791 entstanden ein antiker Rundtempel mit acht römischen Säulen, der so genannte Rittersaal auf der Klippe mit weiter Sicht auf das Rheintal und die heute wieder faszinierende Zauberhöhle. Hier bekommt man eine gute Vorstellung von Landschaftsinszenierung und Gefühlslenkung. Ist man durch die stockdunkle Höhle mehr gekrochen als gegangen, gelangt man zur Belohnung in die Rotunde; von dort bieten sich Blicke – etwa auf die linksrheinische Ruine von Burg Rheinstein, – die im grellen Licht wie kunstvolle Projektionen erscheinen. Etwas hoch gegriffen ist es, als sähe man wie zum ersten Mal aus der Dunkelheit kommend eine bezaubernd schöne Landschaft mitsamt ihrer Geschichte. Dies alles kann auf einer wohl einzigartigen Literaturwanderung bestaunt werden.

Auf dem Rheinsteig am Monopteros bzw. beim Herrschaftlichen Haus angekommen, überlässt man sich dem Ostein'schen Weg, der zu den wichtigsten Sehenswürdigkeiten führt. Unter den vielen möglichen Leseplätzen im Park, auch mit Stärkungsangeboten im Besucherzentrum oder im Herrschaftlichen Haus, empfiehlt sich die Klippe vor dem Rittersaal. Genau dort kann man eine literarische Initiation nacherleben, die Clemens Brentano in seinem Roman *Godwi* schildert.

Erst, wenn die rheinromantische „Urreise" von Clemens Brentano und Achim von Arnim mit ihren Besuchen im Ostein'schen Park verbunden wird, gewinnt die Archäologie der Rheinromantik ihre wahre dokumentarische Kontur. Die romantische Rheinreise von Clemens Brentano besteht aus zwei Teilen. Im Frühjahr 1801 fuhr er mit seinem späteren Schwager Friedrich Carl von Savigny von Frankfurt mit einer „Wasserdiligence", einem gediegen ausgestatteten Marktschiff, nach Rüdesheim. 1800 war Savigny mit 21 Jahren gleich nach der Promotion Privatdozent für Strafrecht und die Pandekten, was so viel wie Zivilrecht bedeutete, geworden. Ab 1802/1803 studierten Jacob und Wilhelm Grimm bei ihm. In Rüdesheim quartierten sich Savigny und Brentano im Ackermannschen Hof ein, wo Savigny die Tage mit wissen-schaftlicher Lektüre verbrachte, Brentano, zu dieser Zeit Student der Bergwissenschaften, Medizin und Philosophie, arbeitete am zweiten Teil des *Godwi*, und es hat den Anschein, als habe er direkt von der Anschauung und eigenen Erfahrungen in die Literatur hinein gearbeitet:

„Mir ist nicht so, sagte ich, ich kenne nur eine Aussicht bis jetzt und habe noch keine Landschaft gesehen, die mir wohl tat, als diese, und wäre meine Gestalt von meinem Gemüte ganz durchdrungen, könnte ich überhaupt jemals mich selbst vorstellen, so hätte in diese Landschaft ein Maler keine Figur als die meinige stellen dürfen, um nicht aus der Haltung zu fallen. Wo ist diese Aussicht? fragte Godwi, wenn Sie sie nicht wie eine Geliebte verbergen. Am Rhein, auf einer herrlichen Stelle. (...)

Ich saß höher als der höchste Berg der Gegend, auf der Spitze eines jungen Baumes, den eine mutige Hand in die höchsten Trümmer eines zerstörten Turmes gepflanzt hatte; über Untiefen von Wald, die wie Katarakte und stürmende Heere unter meinem Blicke auf und nieder stürzten, brauste der herrliche Fluß des üppigen Friedens und der trotzigen Ruhe. Ringsum weit die Städte und Flecken hingesäet, viele tausend Blicke auf meinen Standpunkt gerichtet, in tiefer Einsamkeit. Vor- und Nachwelt um mich aufgelöst in ein unendliches Gefühl des Daseins. Ich hatte ein trauriges Herz voll verschmähter Liebe da hinaufgetragen, so recht gar nichts da oben erwartet und ging mit einer sehr breiten Resignation durch den Wald. Aber der Mensch ist so enge in sich selbst gefangen, daß er sich meistens in sich selbst verzehrt, wo er die Welt verzehren sollte. Ich weinte, als sich die Aussicht mir erschloß, vor Scham, und fühlte, wie meine Tränen gelinde auf der Wange trockneten und sich meine Seele wie der Duft einer Blume zum Himmel hob; mein Körper wuchs in den Stamm, der mich trug, und meine Arme streckten sich wie Zweige in die Luft; da war mir wohl, und ich sah den Zugvögeln nach, die neben mir vorüberreisten, wie Freunden, die noch nicht zur Ruhe gekommen sind, und wünschte ihnen glückliche Reise."[89]

89 Clemens Brentano: Godwi. In: Ders.: Werke. Hg. von Wolfgang Frühwald und Friedhelm Kemp. Band 2. München 4-2008, S. 320f.

Königin Victoria-Denkmal in Hochheim am Main

Clemens Brentano hatte im Rheingau seine romantische Ideallandschaft gefunden. Der Ostein'sche Park aber entsprach der „von der Romantik angestrebten Verschränkung von Natur und Kunst, durch die das erlebende Subjekt eine produktive Wahrnehmungsveränderung erfährt".[90] Im zweiten Teil des *Godwi* erlebt die Romanfigur eine Wiedergeburt, die ihn in die Nähe der Heilung von seiner Zerrissenheit führt. Mehrere Bauten, Aussichtspunkte und Plätze im Wald sind eindeutig zu lokalisieren:

„Das letztemal, da ich ausritt, nahm ich meinen Weg nach einem der schönsten Punkte am Rheine, dem Ostein, einem schönen Lustschlosse auf dem Niederwald, einem hohen Berge, dem Städtchen Bingen gegenüber; dieser Berg macht den Winkel, um den sich hier der Rhein scharf herumwendet."[91]

90 Wolfgang Bunzel: Niederwald und Ostein-Park. In: Wolfgang Bunzel, Hans Sarkowicz und Michael Hohmann (Hg.): Romantik an Rhein und Main. Eine Topographie. Darmstadt 2014, S. 181.

91 Brentano: Godwi, a.a.O., S. 431.

Vom Jagd (Lust-) Schloss kommt Godwi zur Rossel. Kunstvoll wird erwähnt, der „alte Turm“ stehe auf dem Winkel, „den der Berg macht und den Punkt bestimmt, auf dem sich der Rhein schnell und heftig wendet.“[92] Er findet einen Aussichtspunkt, auf dem sich seine Existenz wendet:

„Ich glaubte, hier zu stehen sei der Zweck und das Ende meines Lebens. – Wie ein kleiner Bach sich durch dunkle Täler, durch Klippen und Felsen stille oder nur brausend hinwindet, weil seine Ufer ihm weichen oder ihm widerstreben, wie er endlich sich in eine unabsehbare See, sich selbst vernichtend, hinstürzet, so stand ich hier.

Alles, alles freudig hingeben, Freude und Lust, Freundschaft und Liebe, alle stolze Leiden der Demut, alle Träume und Pläne freudig hingeben, in dieses Wehn der Luftströme, diese Tiefe voll großer Natur, diese freundlich herandringende Ferne, war meine letzte Reflexion, meine Begierde war Schweben, und ich sah mit gefährlichem schwindelnden Neide den wilden Tauben nach, die sich freudig hinabstürzten, wo der Rhein den Fuß der grünen Berge küßte, deren Häupter von seiner rauschenden Umarmung trunken zu drehen schienen, und es war mir, als walle die Seele des kräftigen Stromes herauf durch die Adern des Berges, wie warmes, lebendiges Blut, und der Boden lebe unter mir, und alles sei ein einziges Leben, dessen Pulsschlag in meinem Herzen schlage.“[93]

Dieser eine Satz führt dann in eine Wiedergeburt: „Hier hat alles sein Ende, und alles ist gelöst, hier ist alles vergessen, und ein neues Leben fängt an.“[94]

In der Rossel, der Ruine, findet Godwi ein Schlüsselwerk der „altdeutschen Poesie“. „Der alte Turm ist mit einem bequemen Saale versehen, der ganz in dem derben Geschmack jener braven Zeit eingerichtet ist, und auf einem kleinen Pulte am Fenster fand ich das Heldenbuch[95] und in einem Schranke in der Wand eine schöne Sammlung der neuern Werke, welche die Reste der Poesie des deutschen Mittelalters enthalten.“[96]

Die „schöne Sammlung“ könnte ein Hinweis auf *Des Knaben Wunder-*

92 Ebenda, S. 435.

93 Ebenda, S. 433f.

94 Ebenda, S. 434.

95 Das sogenannte Straßburger Heldenbuch wurde 1477 erstmals gedruckt und enthielt Reste der Poesie des deutschen Mittelalters. Vgl.: Das deutsche Heldenbuch. Hg. von Adelbert von Keller. Stuttgart 1867. Neuausgabe Hildesheim 1966.

96 Brentano: Godwi, a.a.O., S. 435.

Clemens Brentano
(1778 – 1842)

horn sein. Aber erst bei der nächsten Rheinreise sollte die Idee zu dieser bahnbrechenden Anthologie gefasst werden.

Clemens Brentano ging nach dieser Rheinreise nach Göttingen, wo er Goethe traf und Achim von Arnim, der 1811 seine Schwester Bettine heiraten sollte. Von Arnim plante eine große Reise, den „Grand Tour", eine Bildungsreise durch Europa wie sie seit der Renaissance für die Söhne unter Adligen, später auch des gehobenen Bürgertums zur Persönlichkeitsbildung gehörte. Es kam erst einmal anders. Clemens Brentano und Achim von Arnim wurden gute Freunde, die im Juni 1802 zu einer poetischen Rheinreise aufbrachen. Man kann diese Reise als einen Höhepunkt der Rheinromantik bezeichnen; es muss aber nicht unbedingt die eine große Ursprungsreise existieren. Vielmehr hat die Rheinromantik mehrere Ursprünge, Vorläufer und Nebenflüsse.[97] Nun zeigt es sich, dass der Ostein' sche Park als Geschwisterlandschaft des Rheins zu seiner Romantisierung in hohem Maße beigetragen hat.

Clemens Brentano und Achim von Arnim fuhren auch von Frankfurt auf dem Rhein nach Rüdesheim bis Koblenz. Wieder wohnte man im Ackermann'schen Hof. Wieder wurde die schöne Walpurgis umworben. Wieder besuchte man den Ostein' schen Park. Jetzt aber gerieten die beiden in einen produktiven Furor romantischer Poesie, der sich nicht auf das Verfassen von Gedichten beschränkte. Die beiden entdeckten sich als ein Freundespaar, das mit Begeisterung alle Formen einer romantischen Poetisierung auskostete. Die „vollen, reichen Ansichten der Natur" wurden geteilt, man besuchte die Winzerfeste, nahm an Prozessionen teil, Clemens spielte (sehr gut) Gitarre, nicht zuletzt wurde Material für *Des Knaben Wunderhorn* gesammelt. 1809 verbindet Achim von Arnim in seinem Erzählungsband *Der Wintergarten* seine Begeisterung für den Freund Clemens mit dem Gefallen an der Rheinlandschaft:

„Die blaue Blume auf Deiner Gitarre, wie Du in fröhlichen Liedern zum erstenmal die Gegend mir ausgedeutet, klingend und singend zu den schwebenden Schäflein auf Himmelsblau wie in die schwarze Tiefe bei Osteins Felsenburg, glänzend Deine Augen zum prasselnden Donner, zum brausenden Regen, der uns in alten Ritterburgen belagert hielt, spielend Deine Worte am warmen stillen Abend vor den Türen in Weinlauben am rauschenden Ufer, wenn Du den schönen Töchtern

97 Michael Hohmann zeigt, dass die Rheinromantik keineswegs ein ausschließlich deutsches Phänomen war: Michael Hohmann: Europäische Beiträge zur Romantik an Rhein und Main. In: Bunzel/Hohmann/Sarkowicz (Hg.): Romantik an Rhein und Main, a.a.O., S. 186-212.

98 Achim von Arnim: Werke in sechs Bänden. Hg. von Roswitha Burwick u.a. Band. 3. Frankfurt am Main 1990, S. 415.

des Städtleins neue Melodien lehrtest für ihre alten Lieder.“[98]

Nach der Reise, im Juli 1802, schrieb Achim von Arnim an seine Tante, Luise Gräfin von Schlitz:

„Auf den Postschiffen ist ein herrliches Leben, ganz wie im Himmelreich, nur nicht umsonst, und etwas heißer. Die Rheinländer sind ein so edles Volk wie ihr Wein; sie haben außer dem Sinn für Dichtung eine helle, klingende, hohe Stimme, besonders die Schiffer. In einen alten Mantel gehüllt, ohne Plan mit einem Freunde und einem Buche umherirrend, im Gesang der Schiffer von tausend neuen Anklängen der Poesie berauscht, ohne Tag und Nacht zu sondern, frei von Sturm und Ungewitter, denn unser Gesang führte sie uns wie Bilder unseres Gemüts - so möchte ich wohl noch einmal leben; das Leben war frisch angebrochen wie die echte Quelle des rheinischen Weines. (...) Ich fühlte jetzt recht, wo ich in meinen Gedanken in dem Eichenwalde des Osteins stehe, (...) daß eine gewaltige Dichtung durch die ganze Natur weht, bald als Geschichte, bald als Naturereignis hervortritt.“[99]

„Das Leben war frisch angebrochen.“ Clemens Brentano inszeniert eine poetische Wiedergeburt im Ostein'schen Park, Achim von Arnim sieht sich durch die Gitarrenklänge des Freundes in ein Land gezaubert, in dem Natur und Dichtung zusammenklingen. Dieser Variante von produktiver Rheinromantik verdankt die Literatur unvergleichliche Gedichte, Lieder, poetische Fragmente, schönste Prosatexte. Das Allerschönste aber ist die Tatsache, dass die poetische Landschaft des Rheingaus fortbesteht, dass sie zwar bedroht ist durch Windräder, Güterzüge, Straßen und Verkehrsstaus. Sie wird aber auch liebevoll und klug bewahrt, rekonstruiert und erklärt. Zum Beispiel im Ostein' schen Park oder im Brentanohaus in Winkel.

Das Brentanohaus wurde nun schon öfter als herausragender Leseort empfohlen. Dass Bettine Brentano sich dort öfter und ausgiebig aufgehalten hat, wissen wir nicht zuletzt aus ihren Briefen, die sie dort geschrieben und empfangen hat. Sie wohnte von Mitte Mai bis Mitte Juli 1808 im Landgut. Ihre spezielle Rheinromantik kennen wir aber vor allem aus Briefen, die teils an Adressaten geschickt, teils für ihre viel später erschienenen Briefromane erdacht wurden. So ist kein einziger

99 Ludwig Achim von Arnim: Werke und Briefwechsel. Historisch-kritische Ausgabe. In Zusammenarbeit mit der Stiftung Weimarer Klassik und Kunstsammlungen von Roswitha Burwik u. a. Band 31: Briefwechsel 1802–1804. Hg. von Heinz Härtl. Tübingen 2004, S. 53 f.

Originalbrief von Bettine an Goethes Mutter bekannt. Ihre Schilderungen des Lebens in Winkel etwa in einem Brief an die Frau Rat vom Herbst 1807 stammt aus *Goethe's Briefwechsel mit einem Kinde* und bezeugt leider nicht ihre damaligen Erlebnisse, sondern die Strategie, im literarischen Spiel fast dreißig Jahre später als typisch romantisch angesehene Naturwahrnehmung zu ironisieren.

Bettine Brentano, verh. von Arnim (1785 – 1859)

„Ach, Fr. Mutter! Was ist hier in dem Langenwinkel für ein wunderlich Leben; das soll schöne Natur sein und ist es auch gewiß, ich hab' nur keinen Verstand, es zu erkennen. Eh' meine Augen hinüber auf den Johannisberg schweifen, werden sie von ein paar schmutzigen Gassen in Beschlag genommen und von einem langen Feld raupenfräßger Quetschen- und Birnbäume. Aus jedem Gaubloch hängen Perlenschnüre von getrockneten Schnitzeln und Hutzeln; der Lohgerber gegen uns über durchdampft alle Wohlgerüche der Luft; alle fünf Sinne gehören dazu, um etwas in seiner Schönheit zu empfinden, und wenn auch die ganze Natur noch so sehr entzückend wär' und ihr Duft führte nicht auch den Beweis, so wär' der Prozeß verloren. Die Orgel klingt auch ganz falsch hier in der Kirche."[100]

In einem Originalbrief an Achim von Arnim, den sie am 11. März 1811 heiraten wird, schreibt sie hingegen:

„Da bin ich nun schon zwei Tage, komme eben von einem heißen lieben Spaziergang über den Johannisberg, siehst Du, es ist ganz göttlich hier. Die Bäume schütteln eben noch ihren letzten Blütenschmuck über die Wandrer; unser Haus ist freundlich, die Zimmer haben etwas Zellenartiges, ein jedes hat, immer nur ein Bett, ein Fenster, einen Tisch und einen Stuhl."[101]

Goethe war eine gute Woche lang im Winkeler Landhaus der Brentanos. Dieser Besuch wurde vielfach multipliziert. Von der Hausherrin, Antonie Brentano, die mit Goethe befreundet blieb, von manchem Besucher, der bei geselligen Anlässen dort anwesend war und später von den vielen Goethe-Touristen, die sein Winkeler Arbeits- und sein

100 Bettine von Armin: Goethes Briefwechsel mit einem Kinde. Hg. von Waldemar Oehlke. Frank furt am Main 1984, S. 44 f.

101 Bettine von Arnim: Werke und Briefe in vier Bänden. Hg. von Walter Schmitz und Sybille von Steinsdorff. 2. Band. Frankfurt am Main 1992, S. 31.

Schlafzimmer anschauten. Aber sicher auch durch den „Goethe-Wein“, dem Riesling von der Lage Winkeler Hasensprung, den Udo Baron von Brentano im eigenen Weingut lange Zeit verkaufte. Die wichtigste Multiplikatorin aber war Bettine Brentano. Zum einen mit ihren wiederholten Besuchen in Winkel, zum andern mit der literarischen Verarbeitung ihres Verhältnisses zu Goethe. Sie hat die Winkeler Sommerfrische zum Goethe-Gelände mit literarischen Verfahren der Romantik gemacht. In ihren Briefromanen hat sie die Gattungen vermischt wie Clemens Brentano Poesie und Prosa, Fiktion und Bericht im *Godwi*. Sie hat erfundene Briefe mit geschriebenen und erhaltenen vermengt. Das betrifft vor allem ihren erst 1835 erschienenen Briefroman *Goethe's Briefwechsel mit einem Kinde*. Dort erweckt sie den Eindruck, Goethe habe als Briefempfänger an ihrem romantisierten Leben in Winkel lebhaft und intensiv teilgenommen. So verfährt sie auch mit den Briefen an und von Goethes Mutter. Der leibhaftige Goethe war einmal in Winkel. Bettines Goethe als gewünschter, erträumter Gast ziemlich oft. Wenn das Brentanohaus heute als authentische Goethe-Erinnerungsstätte von der Stadt Oestrich-Winkel und dem Frankfurter Freien Deutschen Hochstift betrieben wird, weiter aber den Namen Brentanohaus führt, könnte es angemessener nicht sein. Goethe hat mit seinem Tagebuch-Text *Im Rheingau Herbsttage* Bericht erstattet, Bettine in einer Spielart romantischer Ironie Inszenierung und Tatsachen kunstvoll vermischt. Diesen Faden hat Christa Wolf in ihre Meistererzählung *Kein Ort. Nirgends* von 1979 aufgenommen. Sie versammelt zu einer fiktiven Teegesellschaft im realen Winkeler Haus der Brentanos im Jahre 1804 Clemens und Bettine Brentano, ihre Schwester Gunda, die im wirklichen Leben am 17. April 1804 Friedrich Carl von Savigny geheiratet hatte, der auch an der Teegesellschaft teilnimmt. Zum Kreis dieser romantischen Kernfamilie gesellen sich Karoline von Günderrode und Heinrich von Kleist, die sich beide das Leben nehmen sollten. Christa Wolf lässt die beiden, die nie im Winkeler Landhaus waren, sich als Seelenverwandte erkennen und sich ihre Isolation mitteilen.

Nicht weit vom Brentanohaus hat sich Karoline von Günderrode am 26. Juli 1806 am Rheinufer das Leben genommen. An sie erinnert ein Grabstein in der Mauer des Winkeler Friedhofs hinter der Pfarrkirche St. Walburga, auch ganz in der Nähe des Brentanohauses. In den Grabstein wurden die Verse gemeißelt, die man auf dem Schreibtisch ihres Zimmers bei der Familie Servière in Winkel gefunden hatte. Sie hatte sie wohl aus dem Gedächtnis nach den von Johann Gottfried von Herder übersetzten Versen des Brahmanen Borthuherri *Abschied des Einsiedlers* notiert:

Der Mäuseturm im Rhein vor Bingen

„Erde du meine Mutter u(nd) du mein Ernährer der Lufthauch
Heiliges Feuer mir Freund und o Bruder der Bergstrom
Und mein Vater der Äther ich sage euch allen mit Ehrfurcht
Freundlichen Dank mit euch hab ich hienieden gelebt
Und ich gehe zur andern Welt euch gerne verlassend,
Lebt wohl denn Bruder u(nd) Freund Vater und Mutter lebt wohl."[102]

Die Textauswahl zur Rheinromantik und ihren Vorläufern konzentriert sich auf die deutsche Literatur. Das entspricht nicht den vielen englischen und französischen romantischen Autorinnen und Autoren, die den Rhein besucht und darüber geschrieben haben. Auch versteht man in England und Frankreich unter Romantik etwas anderes als in Deutschland. Um zumindest zwei Stimmen der europäischen Rheinromantik zu Wort kommen zu lassen, folgen noch ein englischer und ein französischer Textauszug.

102 Karoline von Günderrode: Sämtliche Werke und ausgewählte Studien. Historisch-kritische Ausgabe. Hg. von Walter Morgenthaler. Band 1: Texte. Basel und Frankfurt am Main 1990, S. 472.

1818 erschien zunächst anonym einer der bekanntesten Romane der englischen Schauerromantik: *Frankenstein or the Modern Prometheus* von Mary Wollstonecraft Shelley. Die deutsche Erstausgabe kam 1912 unter dem Titel *Frankenstein oder Der moderne Prometheus* heraus. Der junge Schweizer Victor Frankenstein erschafft an der damals berühmten Universität Ingolstadt einen künstlichen Menschen, was er besser hätte bleiben lassen sollen. Auf der Flucht vor dieser Kreatur kommt Frankenstein mit seinem Freund Henry Clerval auch an den Rhein. Die Schönheit der Landschaft begeistert zwar Henry, kann aber an der Angst des gehetzten Victor Frankenstein nichts ändern. Der schaurig romantische Rhein wirkt hier lediglich als retardierendes Moment.

„Wir waren übereingekommen, von Straßburg den Rhein in einem Boote hinabzuschiffen bis Rotterdam, woselbst wir uns nach einer Londoner Gelegenheit umtun wollten. Auf unserer Wasserfahrt kamen wir an vielen weidenbestandenen Eilanden vorüber und erblickten auch mehrere anmutige Städtchen. Einen Tag lang verweilten wir uns in Mannheim, und am fünften Tag nach unserer Abfahrt aus Straßburg trafen wir in Mainz ein. Stromabwärts von Mainz nimmt der Rhein einen um vieles pittoreskeren Verlauf. Die Strömung wird zu einer reißenden, und das Flußbett windet sich zwischen Bergen hindurch, welche zwar nicht sonderlich hoch, jedoch genugsam steil und von der herrlichsten Gestalt sind. So manche verfallene Burg erblickten wir, wie sie, umgeben von schwärzlichen Wäldern, dort oben in einsamer luftiger Höh' über schwindelerregenden Abgründen thronte. In der Tat bietet ja dieser Teil des Rheintales die abwechslungsreichsten Landschaftsblicke. Zum Beispiel mögt ihr jetzt noch ein rauhes, zerklüftetes Bergland gewahren, bekrönt von Burgruinen, welche über ungeheuren Tiefen sich erheben, darin der dunkle Rheinstrom dahinbraust, und schon nach der Umschiffung des nächsten Vorgebirges alsbald der üppigsten, in ergrünenden Terrassen sich hinaufstufenden Rebenhänge ansichtig werden, sowie eines mäandrierenden Flußlaufes und volkreicher Städte, welche nunmehr das Bild beherrschen!

Unsere Reise war in die Zeit der Weinlese gefallen, und so vernahmen wir, da wir den Strom hinabglitten, immer wieder den Gesang der Arbeiter in den Weinbergen. Selbst ich, [Victor Frankenstein, d. A.] bedrückten Gemütes wie ich war und aufgewühlt von den düsteren Gefühlen, selbst ich empfand etwas wie Freude. Ich lag rücklings in unserm Boote, und wie ich so in die wolkenlose Bläue des Himmels emporblickte, war's mir, als schlürft' ich eine Ruhe in mich ein, derer ich allzu lange hatte entbehren müssen. Und wenn selbst *ich* solcher Empfindungen fähig war, wer könnte dann diejenigen meines Henry beschreiben! Er fühlte sich ja wie ins Märchenland versetzt und kostete eine Glückseligkeit aus, wie sie wohl selten einem Menschen zuteil geworden! ‚Ich habe', so rief er, ‚die malerischsten Szenerien meines Heimatlands gesehen, war so manche Stunde in den Anblick des Vierwaldstättersees versunken, in dessen Fluten die schneebedeckten Berge fast lotrecht abfallen, und ihre schwarzen, undurchdringlichen Schatten auf den Wasserspiegel werfen, einen Schatten, der wohl traurig und düster genug erscheinen würde, wären da nicht die aufs üppigste ergrünenden Inseln, deren lebensvolles Erscheinungsbild das Auge zum stillen Verweilen einlädt. Auch hab' ich jene Wasser schon von einem Sturme aufgewühlt gesehen, der die Wogen in Wirbeln aufschäumen machte und dir einen Begriff von der Gewalt der aus dem Weltmeere steigenden Wasserhose zu geben vermochte. Ich hab' die Wogen voll Wut gegen den Fuß der Felsenberge anbranden sehen, an jenem Orte, wo der unselige Pfaffe sein Liebchen gefreit und darüber von der Lawine verschlungen ward, und wo dem Vernehmen nach die Todesschreie solch verruchten Paares noch immer vernommen werden können, sobald der Nachtwind Atem holt. Ich hab' das Bergland von La Valais, hab' das Pays de Vau gesehen: doch dies Land hier, Viktor, es hat mir mehr zu geben denn alle jene Wunder! Die Berge unseres Schweizerlandes sind freilich majestätischer und von besondrer Art. Und doch liegt über den Ufern dieses göttlichen Stromes ein Zauber, dem ich nichts mir Bekanntes an die Seite zu stellen wüßte! Sieh jene Burg, wie sie gleich einem Adlerhorste dort droben über dem Abgrunde hängt, und auch die andre da drüben auf dem Eiland, wie sie nahezu verborgen ist vom Blätterwerke jener lieblichen Baumgruppen! Und gar die Schar der Landleute, wie sie aus ihrem Weinberge heimwärts ziehen! Und erst das Dörfchen dort oben, wie's so halbversteckt zwischen seinen Bergen hervorlugt! Oh! Ganz gewiß ist der Genius Loci, welcher seinen schützenden Fittich über die Bewohner dieses gesegneten Landstrichs hält, den Menschen günstiger gesinnt denn jener, der in unsrer Heimat die Gletscher aufeinandertürmt oder sich auf unnahbare Bergeshöh' zurückzieht!'"[103]

103 Mary Wollstonecraft Shelley: Frankenstein oder der neue Prometheus. Übersetzt von Friedrich Polakovics. Müchen o. J., S. 166-169.

104 Annette Seemann: Vorwort in (der von ihr übersetzten Ausgabe): Victor Hugo: Der Rhein. Mit Zeichnungen des Autors. Berlin 2010, S. 9.

Burg Rheinstein bei Trechtingshausen

Victor Hugo, der nach vielen erfolgreich aufgeführten Theaterstücken um 1839/40 in eine Schaffenskrise geriet, war von einer Rhein-Sehnsucht befallen. Er kannte die deutsch-französische Geschichte der kriegerischen Auseinandersetzungen um den Grenzfluss und wünschte einen dauerhaften Frieden zwischen den beiden Nationen in einem vereinten Europa. Hugo sah im Rhein aber auch eine Art Klärungsfluss in seiner Krise. So begab er sich nach zwei abgebrochenen Rheinreisen 1840 auf eine große Fahrt an den mit Bedeutungen überladenen Strom. Seine politischen Reflexionen wurden überlagert von der Neugier auf den romantischen Fluss: „Ihn zog der Rhein als Hort von Sagen und Märchen, von Ruinen, römisch gegründeten Städten und wilden Strudeln an“[104], schreibt Annette Seemann im Vorwort ihrer Neuübersetzung. Die Rheinromantik war noch lange nicht erloschen, inzwischen aber zu einem europäischen, vor allem deutsch-englisch-französischen Phänomen geworden. Der Höhepunkt jedoch war überschritten. Dennoch liest man *Le Rhin/ Der Rhein* von Victor Hugo mit Gewinn und Vergnügen. Besonders auch die perfekt schauerlich inszenierte Episode im zwanzigsten (fiktiven) Brief dieses Reisebuchs, in der es um den Mäuseturm geht.

„In meiner Kindheit hing über meinem Bett ein kleines Bild im schwarzen Rahmen, das irgendeine deutsche Hausangestellte dort aufgehängt hatte. Es stellte einen alten freistehenden Turm da, schimmlig, verfallen, umgeben von tiefem, schwarzem Wasser, dessen Dunst den Turm umwob, sowie von Bergen, die ihn in Schatten hüllten. Der Himmel über diesem Turm war trübe und voller schrecklicher Wolken. Am Abend, nach dem Gebet und vor dem Schlafengehen, betrachtete ich immer dieses Bild. In der Nacht sah ich es in meinen Träumen aufs neue, und zwar schrecklich verzerrt: der Turm wurde größer, das Wasser schäumte, ein Blitz schlug aus den Wolken herab ein, der Wind pfiff in den Bergen und schien zuweilen Schreie auszustoßen. Einmal fragte ich das Hausmädchen nach dem Namen des Turms. Sie antwortete, indem sie sich bekreuzigte: Der Mäuseturm."[105]

Dann sah er, auf seiner Rheinreise, plötzlich das, was ihn in seiner Kindheit so bewegt hatte:

„Mitten im Strom, in der Ferne, stand im unbewegten, ölig und wie tot wirkenden Wasser ein großer schwarzer, schrecklich geformter Turm. Seinem First entstieg seltsam balancierend rötlicher Nebel. Diese Helligkeit, die dem Widerschein einer rotglühenden Luke oder den Flammen eines Schmelzofens glich, warf bleiches, fahles Licht über die Berge und ließ auf dem rechten Ufer auf halber Höhe eine unheimliche Ruine hervortreten, die wie ein vermummtes Gebäude wirkte und reflektierte durch das phantastische Wasserspiegeln bis zu mir. (...) Im Übrigen war in dieser Einsamkeit kein menschlicher Laut zu hören, kein Vogelruf. Eine eisige und finstere Stille, die nur durch die etwas bewegte und gleichmäßige Fläche des Rheins unterbrochen war. Unter meinen Augen lag der Mäuseturm."[106]

105 Textauszug aus: Victor Hugo, Der Rhein. Aus dem Französischen von Annette Seemann. © der deutschen Übersetzung Insel Verlag Berlin 2010.

106 ebd.

Das Kapitel über den romantischen Rhein schließen wir mit der Empfehlung zweier weiterer Leseorte. Der eine hat sich als Wahrzeichen des Rheingaus etabliert, der andere hängt mit dem Rheingau Literatur Festival zusammen. Der Oestricher Weinverladekran steht als letzter seiner Art auf dem rechten Rheinufer unter Denkmalschutz. In eine thematisch passende Skulpturengruppe mit steinernen Weinfässern sind Bänke eingearbeitet, die einen üppigen Blick auf den Rhein an seiner breitesten Stelle erlauben und dem nervigen Geräuschpegel der nahen Bundesstraße 42 Paroli bieten. An diesem Platz macht immer die literarische Weinwanderung des Literatur Festivals im September ihren ersten Halt. Das bietet einen realistischen Eindruck der heute obwaltenden Rheinromantik. Der Winzer Franz Herke, der beim ausgedehnten Spaziergang den Weinkunde-Part übernimmt, führt dann zu seiner Gutsschänke, die zwischen dem Oestricher Friedhof und den Bahngeleisen liegt. Friedhof und Güterbahnverkehr erzeugen eine angenehme Durchschnittsakustik. Jedenfalls sind lesende Menschen hier aufs Höchste willkommen.

LEHRANSTALTEN

Mit Kreuz und Schwert

Religion und Politik im Rheingau

Der Rheingau war schon immer etwas Besonderes. Geographisch und politisch nahm er seit dem Mittelalter eine Sonderstellung ein. Verantwortlich dafür waren der Weinbau und die Mainzer Erzbischöfe, die rund 800 Jahre lang die Herrschaft über den Rheingau ausübten. Unter dem Krummstab ließ es sich – zumindest zeitweilig – sehr gut leben.

Erstmals urkundlich erwähnt wurde der Rheingau knapp vier Jahre nach dem Regierungsantritt Karls des Großen. Am 20. Januar 772 schenkte der Geistliche Alwalah „in Gegenwart Karls des Großen dem Kloster Fulda unter Vorbehalt lebenslänglichen Nießbrauchs Besitzungen in 8 Gauen und 23 Orten samt 18 Unfreien, darunter im Rheingau im Dorf *Gisenheim*“[107]. Alwalah war offenbar kurz vorher in das Fuldaer Kloster eingetreten. In den folgenden Jahrzehnten überließen weitere hochgestellte Personen des fränkischen Reiches den Reichsabteien Fulda und Lorsch Ländereien und Ortschaften im Rheingau. Zur dominierenden Macht im Rheingau wurden allerdings die Mainzer Erzbischöfe, die ihren Einfluss kontinuierlich vergrößern konnten. Der fünfte Nachfolger von Bonifatius auf dem Mainzer Erzbischofstuhl war Rabanus (auch Hrabanus) Maurus, der zu den berühmtesten Gelehrten des frühen Mittelalters zählt. Von ihm ist überliefert, er habe während der schweren Hungersnot im Jahr 850 besonders segensreich gewirkt. Wie dramatisch es damals zugegangen sein muss, schilderte ein Fuldaer Mönch in den sogenannten *Fuldaer Annalen*, die im 9. Jahrhundert aufgezeichnet wurden und damit noch nah an den Ereignissen waren. Offenbar hatte die Hungersnot besonders die Rheingegenden betroffen, in denen die Getreidepreise ins Astronomische stiegen:

„Es hielt sich aber zu dieser Zeit der Erzbischof Hraban auf einem Hof seines Sprengels namens Winkel auf, wo er Arme, die von verschiedenen Orten kamen, aufnahm und täglich mehr als 300 speiste, die abgerechnet, welche beständig bei ihm aßen. Es kam auch eine

107 Wolf-Heino Struck: Geschichte der Stadt Geisenheim. Frankfurt am Main 1972, S. 9.

fast verhungerte Frau mit einem kleinen Kind zu ihm und wollte von ihm wieder belebt werden, doch ehe sie die Türschwelle überschritt, stürzte sie vor allzu großer Schwäche zusammen und hauchte den Geist aus. Und als der Knabe die Brust der toten Mutter, als wenn sie noch lebte, aus dem Kleid zog und zu saugen versuchte, brachte es viele, die es mit ansahen, dahin zu seufzen und zu weinen."[108]

Der um 780 in Mainz geborene Rabanus Maurus hatte das Kloster Fulda zu einem kulturellen Zentrum des fränkischen Reiches gemacht, auch weil in dem Skriptorium der von ihm geleiteten Abtei wichtige Werke der Antike abgeschrieben wurden und so erhalten geblieben sind. 847 wurde er Erzbischof von Mainz. Hartnäckig hält sich das Gerücht, dass er zeitweilig im „Grauen Haus" in Winkel gelebt habe. Das Steinhaus stammt aber wahrscheinlich aus dem elften oder sogar erst aus dem 12. Jahrhundert. Da es wahrscheinlich wieder verwendete Zierteile aus der Pfalz von Ingelheim trägt, wurde es lange für sehr viel älter gehalten. Gesichert ist allerdings, dass Rabanus Maurus in Winkel starb, nach der Überlieferung am 4. Februar 856. Bestattet wurde er im Stift St. Alban vor Mainz. Nach mehreren Umbettungen ist sein Grab heute nicht mehr bekannt. Ein Denkmal, das 1906 errichtet wurde, erinnert an ihn. In welcher Gunst des Kaisers die Mainzer Erzbischöfe als Erzkanzler des Reiches standen, macht eine Urkunde deutlich, die Kaiser Otto II. am 14. Juni 983 in Verona ausstellte und die für die weitere Geschichte des Rheingaus von überragender Bedeutung werden sollte. Otto II. schenkte dem Mainzer Erzbischof Willigis „zum Eigentum" linksrheinische Besitzungen um Bingen und „jenseits des Rheins vom Einfluss des Bächleins Elisa [bei Winkel] bis zum Dörfchen Kaub, nebst allen übrigen Nutzungen in Münze, Weinbergen, Leibeigenen beiderlei Geschlechts, Höfen, Gebäuden, Wäldern, Jagd, Waldbenutzungen, Wiesen, Weiden, Wassern, Wasserlauf, Fischereien, dem auf dem Rhein und der Nahe zu erhebendem Fährgeld, bebautem und unbebautem Land, Mühlen (...)"[109]

Allen, die dem Erzbischof diesen Besitz streitig machen würden, drohte der Kaiser Strafen an. Das heißt, er stellte den Landstrich

108 Jahrbücher von Fulda. Regino Chronik. Notker Taten Karls. Bearbeitet von Reinhold Rau. Darmstadt 1964, 41.

109 Zit. n. Karl Rolf Seufert: ... ist ein feins Ländlein. Eine Kulturgeschichte des Rheingaus von den Anfängen bis zur Gegenwart. Eltville 1983, S. 32.

zwischen Winkel und Kaub unter seinen persönlichen Schutz. Für den Beschenkten, den Mainzer Erzbischof, war das ein erheblicher Machtgewinn.

Der Hoftag auf der Maaraue

Welche Beachtung die staufischen Herrscher Mainz und der Rheinlandschaft schenkten, machte zu Pfingsten 1184 ein glanzvoller Hoftag auf der Maaraue augenscheinlich. Die 800 Jahre später errichtete Barbarossasäule im westlichen Teil der heute als Freizeitgelände genutzten Maaraue erinnert an das Fest, an dem mehr als 20 000 Ritter und Adlige aus allen Teilen Europas teilgenommen haben sollen. Der Hoftag wird heute als einer der Höhepunkte in der Regierungszeit von Kaiser Friedrich I. („Barbarossa") angesehen, obwohl im Vergleich zu anderen Hoftagen keine wichtigen politischen Entscheidungen gefällt wurden. Lediglich zwei Söhne Barbarossas erhielten die Schwertleite, das heißt, sie wurden zu Rittern geschlagen. Eine eigens errichtete Zelt- und Häuserstadt, üppige Festmähler und ritterliche Kampfspiele demonstrierten die Macht eines Herrschergeschlechts, das für sich das erbliche Kaisertum beanspruchte. Wie beeindruckt die Zeitgenossen von dem Spektakel waren, das nach heftigen Gewittern vorzeitig beendet werden musste, hat der Dichter Heinrich von Veldeke in seinem in dieser Zeit vollendeten Roman *Eneit* oder *Eneide* festgehalten. Als Ministeriale, d. h. „Dienstmann", der Grafen von Loon war er Augenzeuge des turbulenten Treibens gewesen. In seinem Roman, der die Geschichte des trojanischen Helden Eneas erzählt, hat der offenbar noch unter dem Eindruck des Festes stehende Heinrich eine Passage eingeflochten, die das Hoffest und die prachtvolle Hochzeit von Eneas mit Lavinia miteinander vergleicht.

Detail der Barbarossa-Säule auf der Maaraue

„Ich habe von keinem Fest
je erzählen hören,
das ebenso groß gewesen wäre
wie das, das Eneas veranstaltete –
außer dem. Das zu Mainz stattfand,
das wir selbst gesehen haben.
Danach brauchen wir uns nicht zu erkundigen:
es war unermesslich groß,
wo Kaiser Friedrich
zweien seiner Söhne das Schwert verlieh
und wo für viele tausend Mark
verbraucht und verschenkt wurde.
Ich glaube, dass alle Lebenden
kein größeres (Fest) gesehen haben."[110]

Unter den Mainzer Erzbischöfen konnten die Rheingauer Freiheitsrechte erringen, die sonst nur in Städten galten („Stadtluft macht frei!"). Diese Sonderstellung, so der Historiker Wolf-Heino Struck, „verdankt der Rheingau neben der staatpolitischen Klugheit des Erzbischofs von Mainz vor allem der eigenen Wirtschaftskraft, die ihr Fundament im Weinbau und Weinhandel hatte"[111].

Das Rheingauer Weistum von 1324

Von der staatspolitischen Klugheit des Erzbischofs zeugt das „Weistum" von 1324, in dem die Privilegien der Rheingauer Bevölkerung festgehalten wurden. Auf ihrer Gerichtsstätte, der heute verschwundenen Lützelau westlich von Winkel, hatten sich am 27. Mai 1324 die Vertreter der Rheingauer Landgemeinden versammelt, um sich ihre bevorzugte Stellung im Erzbistum bestätigen zu lassen. Die Bewohner des Rheingaus genossen besondere Rechte, die damals für eine Landbevölkerung nicht üblich waren und auch im Erzbistum Mainz die Ausnahme blieben. Die Rheingauer Bürger besaßen eine – verglichen mit heutigen Verhältnissen – bescheidene Form der politischen Selbst-

110 Heinrich von Veldeke: Eneasroman. Nach dem Text von Ludwig Ettmüller, bearb. von Dieter Kartschoke. Stuttgart 1986, S. 739.

111 Wolf-Heino Struck: Die Bildung des Rheingau-Taunus-Kreises aus historischer Sicht. In: Nassauische Annalen. 90. Band (1979), S. 139.

verwaltung, sie erhielten das Marktrecht, könnten in der Residenz Mainz zollfrei einkaufen oder verkaufen und durften die Wälder als Weide oder Brennholzlieferanten nutzen. Andernorts konnten auf Brennholzdiebstahl aus herrschaftlichen Forsten drastische Strafen stehen.

Eine Besonderheit des Weistums ist ein Vorläufer unseres heutigen Asylrechts. Wenn es einem „Armmann" oder Leibeigenem gelang, in den Rheingau zu flüchten, dann war er frei, musste allerdings weiterhin Abgaben an seinen früheren Herrn entrichten. Die „Beamten" des Erzbischofs waren angehalten, den Flüchtenden beizustehen. Wörtlich heißt es im Weistum:

„Ist ein verfolgter Flüchtling an der Grenze angelangt und bekräftigt durch seinen Eid, dass er des Erzbischofs Bürger werden will, ist er auch bereits mit den vorderen Rädern seines Wagens über die Grenze hinweg und der Erzbischof oder seine Beamten sind gleichfalls zur Stelle, so kommt es darauf an, ob diese stark genug sind, den Wagen vollends über die Grenze zu ziehen; dann genießt der Armmann den Rechtsschutz des Erzbischofs gegen seinen bisherigen Herrn als ‚Bürger des Rheingaus' und darf nicht mehr zur alten Leibeigenschaft zurückgefordert werden."[112]

Dieser besondere Rechtsstatus des Rheingaus behielt fast genau 200 Jahre seine Gültigkeit. Die Rheingauer genossen die ihnen eingeräumten Freiheiten, aber auch dieses Glück hatte seine Schattenseiten; denn zu den ständig wachsenden Abgaben an den Landesherren, die Klöster, Kirchen und Ortsadlige kamen zusätzliche Steuern bei besonderen Anlässen. Als besonders drückend wurden der Zehnte und die Kriegssteuern empfunden. Den Gedanken der Reformation war damit ein fruchtbarer Boden bereitet. Und die Saat ging auf.

Am 23. April 1525 versammelten sich die teilweise bewaffneten Bauern und Bürger in Eltville, um ihre Forderungen zu formulieren. Nach anfänglichem Zögern wurden die vorgebrachten Beschwerdeartikel von den Vertretern des Erzbischofs akzeptiert. Aus dem Aufstand wurde ein stattliches Gelage, das vor allem die Vorräte des Klosters Eberbach drastisch dezimierte. Das große Eberbacher Weinfass, das heute nicht mehr existiert und mindestens 40 000 Liter, höchstens 100 000 Liter fasste, wurde zu einem großen Teil ausgetrunken, ehe der Bauernaufstand blutig endete. Schon am 12. Juli mussten die Rhein-

112 Zit. n. Seufert, a.a.O., S. 51.

gauer ihrem Landesherrn huldigen. Neun der Aufständischen wurden östlich von Eltville hingerichtet, wahrscheinlich auf dem Galgenacker am Rheinufer, wo zu Beginn des 19. Jahrhunderts ein Villengebiet entstand. „Die neue Ordnung für den Rheingau vom 4. Januar 1527 beseitigte nahezu alle politischen Eigenrechte, die diese Landschaft im Mittelalter gewonnen und im Rheingauer Weistum von 1324 erstmals schriftlich niedergelegt hatte“[113], schreibt Karl E. Demandt in seiner *Geschichte des Landes Hessen*. Auch wenn im „Rheingauer Landbrauch“ von 1643 die persönliche Freiheit aller Einwohner bestätigt wurde, so unterschied sich der Rheingau politisch kaum noch von den anderen Landschaften des Erzbistums. Und so sollte es bleiben, bis die französische Revolutionsarmee 1792 erstmals den Rheingau besetzte.

Rheingauer Klöster und Wallfahrtsorte

Unter dem Regiment des Erzbischofs waren die Klöster aufgeblüht. Das Zisterzienserkloster Eberbach zum Beispiel, das in über 200 Orten des Mittelrheingebiets Besitzungen hatte, war Anfang des 12. Jahrhunderts gegründet worden und hatte sich zu einem internationalen Weinhandelskonzern entwickelt, der Niederlassungen bis nach Köln und Holland unterhielt. Allein 1670, hat Wolf-Heino Struck aus alten Rechnungen ermittelt, gingen größere Mengen Wein nach Amsterdam, Rotterdam, Hamburg und Lüneburg. Bevorzugter Transportweg war der Rhein, auf dem die Eberbacher Mönche weitgehende Zollfreiheit genossen, angesichts der zahlreichen Zollstellen ein besonderes Privileg. Noch heute zeugt die großzügige Anlage mit Kirche, Mönchsklausur und Gebäuden für die Laienbrüder von der wirtschaftlichen Bedeutung des 1803 aufgehobenen Klosters, das auch wegen seines „Cabinet“-Kellers berühmt war. Er enthielt zahlreiche Spitzenweine, besonders aus dem mit einer Mauer umgebenen Steinberg.

In die Fußstapfen der Mönche ist nach dem Zweiten Weltkrieg die hessische Landesregierung getreten. Kloster Eberbach ist heute Sitz der Hessischen Staatsweingüter und nicht nur ein sehr beliebtes Ausflugsziel. Im Winter 1985/86 drehte dort der französische Regisseur Jean-Jacques Annaud seinen Film *Der Name der Rose* nach dem Roman von Umberto Eco. 300 alternative Orte hatte er vorher besichtigen lassen, ehe er sich für Eberbach entschied und dort den ehemaligen Schlafsaal

113 Karl E. Demandt: Geschichte des Landes Hessen. Kassel 1980, S. 326

Kloster Eberbach

der Mönche (das Dormitorium) zum Schreibsaal und den Weinkeller zum Badehaus machte, wo ein toter Mönch im Zuber lag. Auch im Kapitelsaal und in der Basilika spielen einzelne Szenen. Der Film mit Ex-James Bond Sean Connery in der Hauptrolle entstand allerdings nicht nur in Eberbach, sondern auch in Maulbronn, in der römischen Filmstadt Cinecittà und an weiteren Orten.

An Stätten tief empfundener Frömmigkeit hatte und hat der Rheingau keinen Mangel. In Eibingen gründete die in Rheinhessen geborene Hildegard von Bingen schon 1165 ein Benediktinerinnenkloster. Das war eine rein pragmatische Entscheidung und hatte nichts mit der traumhaften Lage über Rüdesheim zu tun. Hildegard war Äbtissin des von ihr selbst gegründeten Klosters Rupertsberg bei Bingen und suchte einen geeigneten Ort für eine Tochtergründung. Da bot sich das bereits bestehende Augustinerkloster in Eibingen an, das in Sichtweite von Rupertsberg lag. Hildegard konnte so beide Klöster leiten. Ob sie auch in Eibingen an ihren theologischen und naturkundlichen Schriften arbeitete, ist nicht bekannt. Möglich wäre es gewesen, denn eines ihrer Hauptwerke, der visionäre *Liber divinorum operum* über das Wirken Gottes, entstand zwischen 1163 und 1174/75. Das mehrfach stark veränderte Kloster brannte 1932 vollständig nieder. Die Pfarrkirche wurde danach neu errichtet. In ihr befinden sich die Reliquien der Heiligen in einem Schrein aus vergoldetem Kupfer. Was wie eine kostbare Arbeit aus dem späten Mittelalter wirkt, ist keine einhundert Jahre alt. Nach dem Entwurf eines Benediktiners aus Maria Laach fertigte der Kölner Goldschmied Josef Kleefisch den Schrein 1929. Auch das heutige Benediktinerinnenkloster St. Hildegardis in Eibingen, eines der markanten Wahrzeichen des Rheingaus, ist neueren Datums. Es wurde 1904 gestiftet und 1908 vollendet. Der 6,7 Kilometer lange Hildegard-Weg, der am Rüdesheimer Rheinufer beginnt, führt durch die Weinberge und mit immer neuen Ausblicken zu den beiden Orten der Hildegardverehrung in Rüdesheim.

Dabei wird auch die Brömserburg gestreift. Die ehemalige Wasserburg aus dem 11. und 12. Jahrhundert, erinnert an unruhige Zeiten im Rheingau. Ihr Wehrturm hat eine Mauerstärke von bis zu viereinhalb Metern. Die Burg, die in der Nähe des Rheinufers liegt und heute das

Brömserburg in Rüdesheim

Rheingauer Weinmuseum beherbergt, ist nach einem Rüdesheimer Rittergeschlecht benannt. Diese adlige Familie Brömser war es wohl auch, die um 1390 eine Wallfahrtskirche wiederum in Eibingen stiftete. Der heutige Rüdesheimer Stadtteil ist reich gesegnet mit heiligen Orten. Und es ist zu vermuten, dass sie auch in Konkurrenz um zahlungskräftige Pilger standen. Denn nicht weit von Kloster und Kirche, die an die heilige Hildegard erinnern, löste das auf die Brömser zurückgehende Kapuzinerkloster „Nothgottes" einen wahren Wallfahrtsboom aus. Der ungewöhnliche Name des Orts rührt von einem Gnadenbild her, das ein Bauer angeblich beim Pflügen gefunden hatte. Es handelt sich dabei um einen kleinen knienden, ins Gebet vertieften und „Blut schwitzenden" Jesus aus Holz, der über Jahrhunderte Scharen von Gläubigen anzog. Aus allen deutschsprachigen Ländern pilgerten Christen zunächst zur Wallfahrtskirche und seit 1620 zum Kloster. Ein aufgeklärter Kopf wie Johann Kaspar Riesbeck hatte dafür nur Spott übrig. 1783 schrieb er in seinen *Briefen eines reisenden Franzosen*:

„Besonders fiel mir ein Wallfahrtsort im Walde unweit Geisenheims auf, wo die Kapuziner noch Mirakel im Überfluss wirken sollen. Bloß der Name dieses Ortes ist schon grobe Ärgernis und Gotteslästerung. Er heißt: Noth Gottes. Ein kleines hölzernes Bildchen des Erlösers wurde nach der Legende aus Verachtung oder Unachtsamkeit von einem Bauern in einem hohlen Baum des Waldes versteckt, und nun schrie es so lange: ‚Not Gottes, Not Gottes!' bis es die Leute in der Nachbarschaft aus dem Baum namen, und es an einen Ort setzten, wo es keine Not mehr hatte. Seit diesem hat es unzählige Wunder gewirkt, die den Kapuzinern zugleich auch aus der Not halfen."[114]

Für die 1803 in Hanau geborene Louise von Ploennies, die als Schriftstellerin einen berühmten literarischen Salon in Darmstadt unterhielt, war diese sagenumwobene Gründungsgeschichte der Hintergrund, vor dem sie ihren antisemitischen Ressentiments frönen konnte. In dem von Aloys Henninger 1845 herausgebrachten Bändchen über *Nassau in seinen Sagen, Geschichten und Liedern* ist auch das Gedicht *Das Kloster Noth Gottes* abgedruckt, in dem Louise von Ploennies einen Juden mit „finsterem Herz" ein Messer in den Baum stoßen lässt:

114 Johann Kaspar Riesbeck: Briefe eines reisenden Franzosen. Hg. von Heiner Boehncke und Hans Sarkowicz. Berlin 2013, S. 547.

TABERNACVLVM DEI CVM HOMINIBVS

„Und mit verstörten Sinnen
Sieht blutge Tropfen rinnen
Er aus der frischen Wunde;
Er flieht entsetzt, zur Stunde
Erlahmt die rechte Hand.“[115]

Innenraum der Kirche St. Hildegard

1813 wurde das Kloster aufgehoben und das Gnadenbild nach Rüdesheim gebracht, wo es in der Turmkapelle der Pfarrkirche St. Jakobus zu sehen ist. Goethe hat es, wie schon ausführlich berichtet, in *Rheingau Herbsttage* eingehend beschrieben und auch die Zerstörungen in Eibingen, die der Krieg gegen Napoleon hinterlassen hatte, ohne jede Schönmalerei geschildert. Wallfahrten zum ehemaligen Kloster finden auch heute noch statt. Sie werden von der 1928 gegründeten Noth Gottes-Bruderschaft durchgeführt. Seit 2013 leben wieder Mönche in dem Kloster. Sie kommen aus einer Zisterzienserabtei in Vietnam.

Eine traditionelle Wallfahrt führt auch zu den Reliquien des heiligen Valentin in der katholischen Pfarrkirche von Kiedrich. Zum Heiligen der Liebenden und Fallsüchtigen (Epileptiker) wird in dem spätgotischen Gotteshaus gebetet. In einem Lied heißt es:

„Zu Kiedrich wirst du verehrt,
Sankt Valentin,
Wo jeder deines Trosts begehrt,
All' Seuch' und Plagen
Wollst von uns jagen,
Sankt Valentin.“[116]

Die Musik spielt in Kiedrich (neben dem Weinbau) eine besondere Rolle. In der St. Valentinus-Kirche befindet sich eine der ältesten Orgeln Europas. Sie wurde um 1500 gebaut. Da die Gemeinde wenig Geld besaß, wurde die Orgel mehrfach nur notdürftig repariert. Mitte des 19. Jahrhunderts sollte sie verschrottet werden. Da half der Zufall. Der englische Baronet John Sutton war erstmals 1857 nach Kiedrich gekommen und hatte sich sofort in den Weinort verliebt. Als Freund der Choralmusik erkannte er den besonderen Wert der Orgel und ließ

115 Louise von Plönnies: Das Kloster Noth Gottes. In Alois Henninger (Hg.): Nassau in seinen Sagen, Geschichten und Liedern. Wiesabden 1845, S. 83.

116 Zit. n. 1000 Jahre Kiedrich im Rheingau. Mainz 1979, S. 98.

sie in Brügge sorgfältig restaurieren. Auch in die Kirche selbst investierte der englische Adlige sein Geld, er baute Siedlungshäuser für die ärmeren Bewohner Kiedrichs, eine Schwesternstation und eine „Kinderbewahranstalt". Seine besondere Liebe galt allerdings der von ihm gegründeten Choralschule, die bis 1900 bestand. Noch heute ist Kiedrich ein Hort mittelalterlicher Chormusik mit den „Chorknaben", die sonntags zum Hochamt gregorianische Weisen singen, aufgezeichnet in gotischen Hufnagelnoten, die sich nur noch in Kiedrich erhalten haben. Die Gemeinde hat sich ihrem früheren Gönner in besonderer Form erkenntlich gezeigt. 1974 wurden die sterblichen Überreste des 1873 in Brügge gestorbenen Sutton nach Kiedrich überführt und zwischen Kirche und Chorschulgebäude beigesetzt.

„Herzblut Germanias". Der Rhein als nationalistisches Symbol

In seinem Buch *Der Rhein. Ein europäischer Fluss und seine Geschichte* geht Horst Johannes Tümmers der Frage nach, welchen Platz der Rhein bei der von deutschen Nationalisten über Jahrhunderte beschworenen „deutsch-französischen Erbfeindschaft" einnahm. Das erste historische Zusammentreffen zwischen Frankreich und Deutschland war 1214 die Schlacht von Bouvines. An diesem für die französische Geschichtsschreibung wichtigen Datum besiegte Philipp II. den Welfenkaiser Otto IV. Bis der Rhein allerdings in den Fokus der kriegerischen Auseinandersetzung geriet, sollte es noch Jahrhunderte dauern. Nach dem Westfälischen Frieden war Frankreich an den Rhein herangerückt und unterhielt erstmals Brückenköpfe auf rechtsrheinischem Gebiet. Ludwig XIV. unternahm dann gewaltige Anstrengungen, um den Rhein zur französischen Ostgrenze zu machen. Die Verwüstungen, die seine Armee in den deutschen Rheingegenden anrichteten, sind heute noch als grandiose Ruinen zu bewundern, das Heidelberger Schloss zum Beispiel oder, an der Bergstraße, das Auerbacher Schloss.

Erst den französischen Revolutionsarmeen gelang, so Tümmers, „was Ludwig XIV. versagt blieb"[117]. Schon im Sonderfrieden von Basel 1795 hatte Preußen gegen entsprechende Entschädigung seine linksrheinischen Besitzungen an Frankreich abgetreten. Das war das Ergeb-

117 Horst Johannes Tümmers: Der Rhein. Ein europäischer Fluss und seine Geschichte. München 1999, S. 125.

Grab John Suttons in Kiedrich

nis des Ersten Koalitionskrieges von Preußen und Österreich gegen die französischen Revolutionstruppen. Bereits 1793 hatten deutsche Jakobiner, zu denen auch der Naturforscher und Schriftsteller Georg Forster gehörte, die kurzlebige Mainzer Republik ausgerufen und in Paris die Angliederung an Frankreich beantragt. Das war gescheitert, weil preußische Truppen Mainz schon bald zurückerobert hatten. Mainz blieb allerdings nicht lange in deutscher Hand. „Im Frieden von Campo Formio 1797 trat Österreich Belgien ab; es besiegelte ebenfalls die Abtretung des linken Rheinufers. Dort waren die geistlichen und weltlichen Herrschaften längst davongelaufen und hatten sich auf das andere Ufer gerettet. Die rechtsrheinischen Fürsten dienerten vor den Siegern. (...) Nach dem Frieden von Lunéville [1801] war der Rhein in seiner gesamten Länge in französischer Hand: von seiner Quelle in der Helvetischen Republik bis zur Mündung in der Batavischen Republik.“[118]

Was Ludwig XIV. nicht gelungen war, hatte Napoleon in wenigen Jahren erreicht. Mit dem Deputationshauptschluss von 1803 wurde das Heilige Römische Reich Deutscher Nation aufgelöst und damit auch das Erzbistum Mainz. Der Rheingau kam drei Jahre später zu dem neu gebildeten Herzogtum Nassau, das sich dem Rheinbund

118 Ebenda.

unter Napoleons Führung anschloss. Der Rheingau war zwar deutsch geblieben, aber Grenzland geworden. Auf der anderen Seite des Rheins war Frankreich – und der Rhein selbst in französischer Hand.

Gerade erst war der Rhein mit seinen Buchten, Stromschnellen, schilfbewachsenen Ufern, verfallenen Burgen und hoch aufragenden Weinbergen zur poetischen Initiationslandschaft von Clemens Brentano, seiner Schwester Bettine, Achim von Arnim und den anderen Romantikern geworden, die sich auf buntgeschmückten Kähnen im Fluss treiben ließen. Jetzt hatte der Rhein als Hort schwärmerischer Phantasien seine Unschuld verloren und war zur Beute in einem ganz Europa erfassenden Krieg geworden. Aber auch das wieder nur für eine kurze Zeitspanne. Denn im deutschen Freiheitskampf gegen Napoleon, der erst begann, als der französische Kaiser seine Truppen in Russland aufgerieben hatte, fehlte ein politisches Symbol von überragender Bedeutung. Das wurde der Rhein. Der Widerstand gegen Napoleon und dessen Vorstellungen von einer Neuordnung des Kontinents entfachte einen deutschen Nationalismus, wie es ihn vorher nicht gegeben hatte und wie er im gerade untergegangenen Heiligen Römischen Reich auch nicht möglich gewesen wäre. „Nun", schreibt Susanne Kiewitz in ihrem Buch über die Rheinlyrik des 19. Jahrhunderts, „repräsentierte das Rheinmotiv die Kulturnation, die sich aufmachte, den Raum der Sprache zu verlassen und Staat zu werden"[119].

Seine wichtigsten Vertreter wurden der Schriftsteller Ernst Moritz Arndt und der „Turnvater" Ludwig Jahn, daneben Max von Schenkendorf, Clemens Brentano und Joseph Görres. Arndt ließ 1813 seine programmatische Schrift *Der Rhein, Teutschlands Strom, aber nicht Teutschlands Gränze* erscheinen, die ein überschwängliches Lob der verschiedenen Landschaften entlang des Rheins und giftige Bemerkungen über Frankreich enthält. Bei aller Bewunderung für die Reize des Rheins solle man, so Arndt, nicht vergessen: „Wenn die Franzosen am Rhein herrschen, so herrschen sie in dem Kern unsers Volkes, sie greifen uns in unserem innigsten und eigensten Leben an, sie zerstören uns in den Keimen unseres Wesens."[120]

Am Ende der Befreiungskriege stand dann ein doppeltes Symbol: der

119 Susanne Kiewitz: Poetische Rheinlandschaft. Die Geschichte des Rheins in der Lyrik des 19. Jahrhunderts. Köln 2003, S. 124.

120 Ernst Moritz Arndt: Der Rhein. Teutschlands Strom, aber nicht Teutschlands Gränze. Leipzig 1813, S. 69.

121 Susanne Kiewitz, a.a.O., S. 124.

Rheinübergang der preußischen Truppen unter ihrem Generalfeldmarschall von Blücher Anfang 1814 bei Kaub. Die militärische Niederlage Napoleons hätte nicht augenfälliger werden können. Deutsche Soldaten setzten über den vor wenigen Augenblicken noch französischen Rhein. Umso größer dürfte die Enttäuschung gewesen sein, als die Nationalstaatsträume beim Wiener Kongress in alle Winde zerstoben. Der Einheitswunsch, so Susanne Kiewitz, wurde ins Reich der Fiktion verwiesen. „Sein Symbol, der Rhein, wanderte in das Motivrepertoire einer oppositionellen Dichtung, die sich, von der Zensur streng überwacht, nur noch versteckt zu Wort meldete. Ihre hintersinnige doppelte Sprechweise sollte die Wahrnehmung des Rheinmotivs aber fortan bestimmen. Der Rhein wurde zum Sinnbild eines ästhetischen Traumes, das zugleich den politischen von der Nation mit sich transportierte.“[121]

Davon wird noch die Rede sein.

Ein deutsch-französischer Dichterwettstreit

Die martialische Rhetorik gegen Frankreich überlebte die Freiheitskriege. Sie erreichte 1840 einen weiteren Höhepunkt. Um von einem außenpolitischen Misserfolg abzulenken, forderten französische Politiker eine Revision der Wiener Verträge von 1815 und damit auch die Einverleibung der linksrheinischen Gebiete. An die Spitze der Bewegung hatte sich der Dichter und Abgeordnete der Deputiertenkammer Alphonse de Lamartine gestellt. Und damit war auch schon vorgegeben, wer hier gegen wen rhetorisch ins Feld zu ziehen gedachte: die Schriftsteller. Während sich die Staatsmänner auf beiden Seiten des Rheins eher symbolisch an dem literarischen Säbelrasseln beteiligten, liefen die Schriftsteller, vornehmlich die Lyriker, zur Hochform auf. Zum Schlüsseltext des von nationaler Überheblichkeit geprägten Dichterwettstreits wurde das Rheinlied des 1809 in Bonn geborenen Juristen Nikolaus Becker:

„Sie sollen ihn nicht haben
Den freien deutschen Rhein,
Ob sie wie gier'ge Raben
Sich heiser darnach schrei'n;
So lang er ruhig wallend
Sein grünes Kleid noch trägt,
So lang ein Ruder schallend
In seine Woge schlägt.
Sie sollen ihn nicht haben
Den freien deutschen Rhein,
So lang sich Herzen laben
An seinem Feuerwein;
So lang in seinem Strome
Noch fest die Felsen steh'n,
So lang sich hohe Dome
In seinem Spiegel sehn.
Sie sollen ihn nicht haben
Den freien deutschen Rhein,
So lang noch kühne Knaben
Um schlanke Dirnen frei'n;
So lang die Flosse hebet
Ein Fisch auf seinem Grund,
So lang ein Lied noch lebet

In seiner Sänger Mund.
Sie sollen ihn nicht haben
Den freien deutschen Rhein,
Bis seine Fluth begraben
Des letzten Mann's Gebein!"[122]

Das literarisch anspruchslose Gedicht, das erstmals am 18. September 1840 in der *Trierschen Zeitung* erschienen war, löste wahre Begeisterungsstürme aus. Über zweihundert Vertonungen soll es davon geben, die berühmteste mit dem Titel *Der deutsche Rhein* von Robert Schumann. Friedrich Wilhelm IV. von Preußen zeichnete Becker mit einem Ehrensalär aus und der bayerische König, dem die Rheingrenze hätte egal sein können, schickte einen Silberpokal. Welche Wirkungen das Lied literarisch entfaltete, dokumentiert ein 112-seitiges Bändchen, das von dem Verleger und Schriftsteller Carl Friedrich Kunz unter dem Pseudonym Zacharias Funck herausgebracht wurde. Es erschien 1841 in der Palm'schen Verlagsbuchhandlung in Erlangen. Auch das war schon eine kleine Spitze gegen Frankreich, denn der Buchhändler Johann Philipp Palm war 1806, nachdem er eine antinapoleonische Schrift veröffentlicht hatte, durch französische Soldaten hingerichtet worden.

Kunz versammelte in seinem Band lateinische, französische, englische, holländische Übersetzungen des Rheinlieds, Oden an den „Dichter" Becker und eine Fülle von lyrischen Reaktionen auf den populären Text, zutiefst ernst gemeinte, aber auch ironische und kritische. So lässt ein nicht genannter Autor den „deutschen Rhein an die Poeten" appellieren:

„Daß sie mich noch nicht haben,
Dieß freut mich ungemein:
Doch mir mißfällt der Knaben
So sinnverwirrtes Schrei'n.
Noch nicht genug, daß Lieder
Mich foltern sonder Zahl,
So klingen neue wieder
Mir altem Strom zur Qual.
Wer kann's mir drob verdenken,

122 Nikolaus Becker: Der deutsche Rhein. In: Z. Funck (Hg.): Klänge aus der Zeit. Erlangen 1841, S. 1f.

Wann ich vor Sing und Sang,
Vor eu'ren Rheingeschenken
Aus meinen Ufern sprang.
Drum bitt' ich euch ihr Knaben
Stellt euren Singsang ein
Mögt euch am Weine laben
Nur schont mit Liedern mein.
Drum bitt' ich euch Poeten
Spart euer unnütz Schrei'n,
Schlagt lieber, wenns von Nöthen
Brav mit dem Schwerte drein!"[123]

Noch deutlicher drückte es der aus Stettin stammende Schriftsteller und politische Publizist Robert Eduard Prutz in der letzten Strophe seines Gedichts *Der Rhein* aus:

„So wird's erreicht! Und wenn in künft'gen Tagen
Das stolze Frankreich unsern Rhein begehrt,
Wir werden es mit Lächeln dann ertragen,
Dann ohne Lieder, doch die Hand am Schwert,
Denn dann gelang's, ihn ewig fest zu flechten:
Die goldne Freiheit soll die Fessel seyn!
Dann lohnt es sich, bis in den Tod zu fechten,
Denn, deutsch und frei, dann bleibt er unser Rhein!"[124]

Die Reaktionen der französischen Schriftsteller auf Beckers Rheingedicht waren teilweise heftig. Alfred de Musset zahlte mit gleicher Münze zurück, während Alphonse de Lamartine schon versöhnlichere Töne anschlug und den Rhein zum europäischen Friedensfluss stilisierte.
Ein allen Nationalisten fern stehender Heinrich Heine hatte für den Dichterstreit nur Hohn und Spott übrig. Von Paris aus beobachtete er die Entwicklung in den deutschen Staaten genau, und es war ihm auch nicht entgangen, dass bei aller nationalen Rhein-Euphorie die Tagespolitik weiterhin ihre trivialen Blüten trieb. Als Ende Februar 1841 aus (dem großherzoglich hessischen) Mainz geschickte Kähne mit Steinen den neu gebauten (nassauischen) Hafen von Biebrich blockierten, um

123 C. H. W...n: Der deutsche Rhein an die Poeten. In: Ebenda, S. 90f.
124 R. E. Prutz: Der Rhein. In: Ebenda, S. 57.

den vermeintlichen Konkurrenten zu schädigen, ließ er in *Deutschland. Ein Wintermärchen* den „Vater Rhein" sagen:

„Zu Biberich hab ich Steine verschluckt,
Wahrhaftig, sie schmeckten nicht lecker!
Doch schwerer liegen im Magen mir
Die Verse von Niklas Becker.

Wenn ich es höre, das dumme Lied,
Dann möchte ich mir zerraufen,
Den weißen Bart, ich möchte fürwahr
Mich in mir selbst ersaufen!

Daß ich keine reine Jungfer bin,
Die Franzosen wissen es besser,
Sie haben mit meinem Wasser so oft
Vermischt ihr Siegergewässer.

Das dumme Lied und der dumme Kerl!
Er hat mich schmählich blamieret,
Gewissermaßen hat er mich auch
Politisch kompromittieret.

Denn kehren die Franzosen zurück,
So muß ich vor ihnen erröten,
Ich, der um ihre Rückkehr so oft
Mit Tränen zum Himmel gebeten.

Ich habe sie immer so lieb gehabt,
Die lieben kleinen Französchen –
Singen und springen sie noch wie sonst?
Tragen noch weiße Höschen?

Ich möchte sie gerne wiedersehn,
Doch fürcht ich die Persiflage,
Von wegen des verwünschten Lieds,
Von wegen der Blamage.

Der Alfred de Musset, der Gassenbub,
Der kommt an ihrer Spitze
Vielleicht als Tambour, und trommelt mir vor
All seine schlechten Witze."[125]

So wie Heinrich Heine dachten die wenigsten deutschen Schriftsteller, die ihre Rheinbegeisterung in Verse packten. Auch Emanuel Geibel und Georg Herwegh ließen sich von der patriotischen Stimmung begeistern, die mit dem Gedicht *Die Wacht am Rhein* des Kaufmanns und dilettierenden Schriftstellers Max Schneckenburger ihren martialischen Höhepunkt erreichte. Es wurde erstmals am 18. Dezember 1840 in seiner Heimatzeitung, dem Tuttlinger *Grenzboten*, gedruckt und machte in der Vertonung des Komponisten Karl Wilhelm während des Deutsch-Französischen Kriegs 1870/71 eine zweite Karriere. Schon die erste Strophe hatte es für Kriegseinsätze gegen Frankreich prädestiniert:

„Es braust ein Ruf wie Donnerhall,
Wie Schwertgeklirr und Wogenprall:
Zum Rhein, zum Rhein, zum deutschen Rhein,
Wer will des Stromes Hüter sein?
Lieb Vaterland magst ruhig sein,
Fest steht und treu die Wacht am Rhein."[126]

Fünf der sechs Strophen des Gedichts werden unterhalb des Hauptreliefs und damit an einem herausgehobenen Ort am Niederwalddenkmal zitiert. Als das Niederwalddenkmal, auf das noch ausführlicher eingegangen wird, entstand, lag die Reichsgründung durch Bismarck schon länger als ein Jahrzehnt zurück. In den patriotischen Gesängen, die seit 1840 erschollen, war sie mehr oder weniger offen immer wieder gefordert worden. Denn gab es eine deutsche Kulturnation, die den Rhein zu ihrem emotionsbeladenen Symbol bestimmt hatte, dann war der Schritt zu einem deutschen Nationalstaat, zu einem zweiten Deutschen Reich, nicht mehr groß. „Alle Zwietracht sey verbannet, Einig

125 Heinrich Heine: Deutschland. Ein Wintermärchen. Caput V. In: Ders.: Sämtliche Schriften in zwölf Bänden. Band 7: Schriften 1837–1844. Hg. von Klaus Briegleb. Frankfurt am Main u. a. 1981, S. 587f.

126 Max Schneckenburger: Die Wacht am Rhein. In: Wolf-Dietrich Gumz und Frank J. Hennecke (Hg.): Rheinreise. Gedichte und Lieder. Stuttgart 1986, S. 233.

sey das deutsche Reich"[127], hießt es in einem Gedicht aus der Sammlung von Carl Friedrich Kunz. Und Emanuel Geibel reimte:

„O heilger Strom, behüt dich Gott! O deutsches Reich sei stark und eins, So weit das deutsche Wort erklingt, so weit man trinkt des deutschen Weins"[128].

Ein Glaubensbekenntnis

Rheinbegeisterung und der Wunsch nach nationaler Einheit beseelte auch die Autoren des Vormärz, die es allerdings dabei nicht bewenden lassen wollten und in ihren Schriften, meist anspielungsreich versteckt, den revolutionären Umsturz forderten. Der Rheingau schien sich für solches Denken besonders zu eignen, und die *Krone* in Assmannshau-

127 (Anonym:) Die deutsche Eintracht. In: Funck (Hg.), a.a.O., S. 30.
128 Emanuel Geibel: Auf dem Rhein. In: Gumz/Hennecke (Hg.), a.a.O., S. 243.

sen wurde zu einem der Kulminationspunkt. Ein besonderes Jahr war 1844, als Ferdinand Freiligrath seinen Gedichtband *Ein Glaubensbekenntnis* in der *Krone* vollendete und das auch am Schluss des Buches in Reimform dokumentierte:

„Zu Assmannshausen in der Kron',
Wo mancher Durst'ge schon gezecht,
Da macht ich gegen eine Kron'
Dies Büchlein für den Druck zurecht!
Ich schrieb es ab im Rebenschein,
Weinlaub um's Haus und saft'ge Reiser;
Drum wollt ihr rechte Täufer sein,
Tauft's Vierundvierz'ger Assmannshäuser!"[129]

Gegen wen sich die Gedichte des Bandes richteten, machte die Formulierung „gegen eine Kron'" deutlich, die in der Urschrift noch „gegen Thron und Kron'" geheißen hatte. Gemeint war der preußische König Friedrich Wilhelm IV., ein früherer Gönner des Dichters. Der 1810 in Detmold geborene Freiligrath war einer der beliebtesten Lyriker seiner Zeit. Seit 1839 wohnte er zeitweise in St. Goar, war u. a. mit Adelheid von Stolterfoth befreundet und mit dem amerikanischen Dichter Henry Wadsworth Longfellow bekannt, der zwischen 1825 und 1878 mehrfach nach Europa kam und Geisenheim ein literarisches Denkmal gesetzt hat. Noch von seinem Kontorsessel aus hatte der gelernte Kaufmann Freiligrath seine Leser mit der süß-farbigen Romantik von Orientphantasien beglückt und 1832 sein berühmtes *Auswandererlied* verfasst. 1841 erkannte der preußische König dem unterdessen berühmten Dichter eine jährliche Pension in Höhe von 300 Talern zu. Kein Geringerer als Wilhelm von Humboldt hatte diesen Gunsterweis vermittelt. Aber 1844 gab Freiligrath die Pension an den König zurück und bekannte sich mit seinem *Glaubensbekenntnis* zur politischen Opposition. Deutlich wurde das schon in seinem Vorwort, in dem er die politischen Verhältnisse in Preußen beklagte. „Fest und unerschüttert trete ich auf die Seite Derer, die mit Stirn und Brust der Reaction sich entgegenstemmen!", heißt es darin. „Kein Leben mehr für mich ohne Freiheit! Wie die Loose dieses Büchleins und meine eigenen auch fallen mögen: – solange der Druck währt, unter dem ich mein Vaterland

129 Ferdinand Freiligrath: Ein Glaubensbekenntnis. Mainz 1844, S. 323.

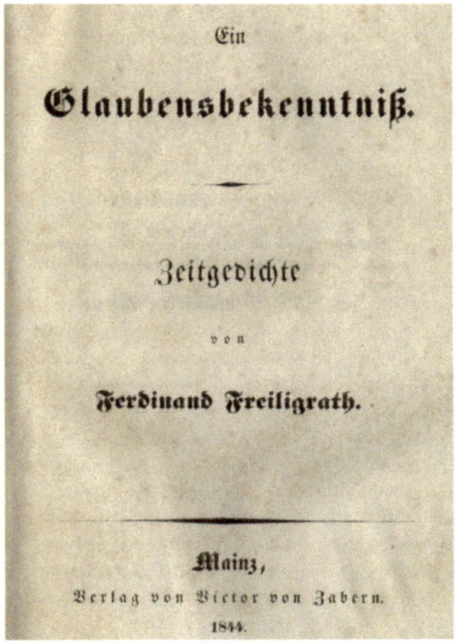
Ein

Glaubensbekenntniß.

Zeitgedichte

von

Ferdinand Freiligrath.

Mainz,

Verlag von Victor von Zabern.

1844.

Titelseite von Ferdinand Freiligraths *Ein Glaubensbekenntnis*, 1844

seufzen sehe, wird mein Herz bluten und sich empören, sollen mein Mund und mein Arm nicht müde werden, zur Erringung besserer Tage nach Kräften das Ihrige mitzuwirken. Dazu helfe mir, nächst Gott, das Vertrauen meines Volkes! Mein Gesicht ist der Zukunft zugewandt!"[130] Der Schritt dürfte Freiligrath nicht leicht gefallen sein. Das jedenfalls legt ein Brief nahe, den der Dichter des *Deutschlandlieds*, August Heinrich Hoffmann von Fallersleben, in seinen „Aufzeichnungen und Erinnerungen" abgedruckt hat. Hoffmann von Fallersleben hielt sich im Sommer 1844 in (Bad) Soden auf, Freiligrath kurte im benachbarten Kronthal. In seiner Autobiographie schreibt Hoffmann von Fallersleben über seinen Freund Freiligrath, „daß man ihn als einen zu seiner neuen politischen Richtung von mir Verführten hinstellte". Das Unangenehmste sei gewesen, „daß seine Verwandten und viele seiner Freunde ihn als den Verführten und mich als den Verführer ansahen"[131]. Freiligrath sah sich schließlich genötigt, an seine Freunde zu schreiben und sie um Vermittlung in der eigenen Familie zu bitten. So heißt es in dem auf den 18. August 1844 datierten Brief Freiligraths (den Hoffmann von Fallersleben ganz wiedergibt) an einen nicht genannten Adressaten:

130 Ebenda, S. X.

131 August Heinrich Hoffmann von Fallersleben: Meine Leben. Aufzeichnungen und Erinnerungen. Vierter Band. Hannover 1868, S. 172.

Andenken an den Dichter Ferdinand Freiligrath am Hotel Krone

„Eine Bitte hab' ich Ihnen aber noch vorzutragen. Die nämlich, daß Sie sich veranlaßt finden möchten, meiner guten Schwiegermutter [Ida Melos in Weimar, d. A.] einige Worte der Erläuterung und des Trostes zu sagen, wenn sie sich, wie ich vermuthe, über diese meine jüngsten Gedichte mehr oder weniger entsetzen sollte. Suchen Sie ihr die Überzeugung mitzutheilen, daß das Volk mehr zu bedeuten hat, als die Fürsten; daß ‚das Glaubensbekenntnis' ein aus innerem Drange hervorgegangenes Werk, daß es eine Nothwendigkeit ist, der ich ohne Widerstreben folgen mußte. Ein klares, verständiges Wort eines dritten wird hier mehr und besser wirken, als malle directe schriftliche Auseinandersetzung von meiner eigenen Hand."[132]

Wie raffiniert Freiligrath seine politischen Botschaften lyrisch verpackte, macht sein Gedicht *Wisperwind* deutlich. Es hat nur auf den ersten Blick etwas mit dem Flüsschen Wisper (das bei Lorch in den Rhein mündet) und dem Wisperwind zu tun, den die Bewohner des Rheingaus als kalte

132 Zit. n. ebenda, S. 173.

Luftströmung kennen. Das Gedicht wurde im Mai 1844 in Assmannshausen geschrieben und im *Glaubensbekenntnis* erstmals veröffentlicht:

„Der Wisperwind, der Wisperwind,
Den kennt bis Oestrich jedes Kind!
Des Morgens früh von vier bis zehn,
Da spürt man allermeist sein Wehn!
Stromauf aus Wald und Wiesengrund
Haucht ihn der Wisper kühler Mund!
Ja, immer, immer nur stromauf
Fährt er mit Pfeifen und Geschnauf;
Von unten jetzt und allezeit.
Braus't er nach oben, kampfbereit;
Nie mit der Welle geht sein Strich,
Nur ihr entgegen stemmt er sich!
Er macht sich auf, wo Hütten stehn;
Wo Hütten stehn und Mühlen gehn.
Des Bauern Strohdach ohne Ruh'
Schickt ihn der Burg des Fürsten zu;
Anfährt er trotzig, sagt mein Ferg,
Schloß Rheinstein und Johannisberg.
Er saus't und wütet um sie her
Frisch und gradaus wie keiner mehr;
Er schiert den Teufel sich um Gunst,
Er pfeift was auf den blauen Dunst,
Der trüb um ihre Zinnen hangt –
Er pfeift, bis klar der Himmel prangt.
Ja, heiter wird auf ihn der Tag;
Drum braus' er, was er brausen mag!
Er selbst und noch ein Wisperwind: –
Ein neuer Tag der Welt beginnt!
Die Hähne krähn, der Wald erwacht,
Ein Wispern hat sich aufgemacht!
Von unten keck nach oben auch
Zieht dieser andern Wisper Hauch;
Auf aus den Tiefen zu den Höhn
Erhebt sich frisch auch dieses Wehn;
Strohdach und Werkstatt ohne Ruh'
Schicken der Fürstenburg es zu!

Da hangen trüb die Nebel noch;
Geduld nur, es verjagt sie doch!
Wie zornig sie auch dräu'n, wie wirr,
Es läßt nicht ab, es wird nicht irr!
Mit kräft'gem Blasen, Ruck auf Ruck,
Macht es zunichte Dunst und Druck!
Hab' Dank, du frisch und freudig Wehn!
Hab' Dank, hab' Dank – o, wär' es Zehn!
Ja, Zehn und rings der Himmel rein!
Jetzt, mein' ich, wird es Sechse sein! –
Der Wisperwind, der Wisperwind,
Den kennt bis Oestrich jedes Kind!"[133]

Schon im September 1844 wurde das *Glaubensbekenntnis* verboten. Freiligrath musste Deutschland für zwei Jahre verlassen. Später wurde er sogar steckbrieflich gesucht.
Die *Krone* blieb ein beliebter Treffpunkt vor allem für Schriftsteller und Musiker, aber auch für Politiker. Zu den Gästen zählten u. a. Victor von Scheffel, August Heinrich Hoffmann von Fallersleben, Emanuel Geibel, Gottfried Keller, Peter Rosegger, Otto Roquette und Gerhart Hauptmann, später auch der französische Staatspräsident François Mitterand und der deutsche Bundeskanzler Helmut Kohl, die am 22. Juni 1990 in der *Krone* über die deutsche Einheit sprachen.

Die Krone als Leseort

Sein heutiges Aussehen verdankt die *Krone* Joseph Hufnagel, der das seit 1541 bestehende Gasthaus 1893 kaufte und im historisierenden „rheinischen" Stil erweiterte. Er war es auch, der 1894 ein Freiligrath-Zimmer einrichtete.
Die *Krone* in Assmannshausen ist der ideale Ort, um auf der Terrasse bei sonnigem Wetter die Gedichte von Ferdinand Freiligrath, aber auch andere Texte über den Rhein und den Rheingau zu lesen. Der Rhein ist nur wenige Meter entfernt, und Burg

133 Freiligrath: Glaubensbekenntnis, a.a.O., S. 301-304.

Rheinstein auf der anderen Rheinseite sendet freundliche Grüße.

Da stört der Lärm der in einem kleinen Abstand vorbeiziehenden Bundesstraße 42 die Konzentration kaum. In einer Lesepause empfiehlt es sich, den freundlichen Portier des Fünf-Sterne-Hotels zu bitten, den Raum aufzuschließen, in dem Freiligrath während seines Aufenthalts in der *Krone* wohnte. Das Arbeitszimmer befindet sich über der Portiersloge und enthält neben dem Original-Schreibtisch und der großen Freiligrath-Büste Erinnerungen an berühmte Gäste und vor allem die zum Teil mit originellen Illustrationen geschmückten Gästebücher, die eine reiche Quelle der Literatur- und Kulturgeschichte darstellen.

Schloss Johannisberg

Karl Gutzkow
(1811 – 1878)

Ein weiterer wichtiger Ort, wo Politik und Literatur im Rheingau zusammentrafen, ist das Schloss Johannisberg. Jahrhundertelang im Besitz der Fuldaer Fürstäbte erhielt es der französische Marschall Franz Christoph Kellermann 1807 als Geschenk von Napoleon. Am 19. Juli 1815 übernahm Erzherzog Carl das Schloss für die Krone Österreichs. Gast bei diesem Staatsakt war auch Goethe, der gerade in Wiesbaden kurte. Ein Jahr später ging es als sogenanntes Thronlehen in den Besitz des österreichischen Staatskanzlers Clemens Wenzel Lothar Fürst von Metternich-Winneburg über. Neben Goethe haben zahlreiche Schriftsteller den Ausblick von dem hochgelegenen Altan genossen, unter ihnen Wilhelm Grimm, Karl Julius Weber und Heinrich Laube, der über das „etwas aristokratisch abgelegene" Schloss schrieb: „Das Wort Johannisberg gehört zur deutschen Nationalität, in ihm vereinigen sich alle Parteien."[134] Der Besitzer dagegen, der erzkonservative Fürst von Metternich, behagte weder Heinrich Laube noch Karl Gutzkow, dessen Schriften 1835 durch Bundestagsbeschluss verboten worden waren. Die rechtliche Grundlage für das Verbot waren die „Karlsbader Beschlüsse" von 1819, die Metternich durchgesetzt hatte. Sie erlaubten die Zensur von Druckschriften und schufen ein System von Polizeispitzeln. 1839 besuchte Gutzkow das Schloss seines Widersachers. Er inspizierte die Räumlichkeiten und stellte Vergleiche an zwischen Metternich und dessen Vertrauten Friedrich von Gentz auf der einen Seite und den Jungdeutschen, zu denen er sich zählte, auf der anderen:

„Der edelste deutsche Wein und die konservative Politik sind durch den Johannisberg Vor- und Nachsatz eines und desselben Gedanken. Man denkt in demselben Augenblicke an die duftigste Blume, die uns aus einem grünen Römerglase entgegenhauchen kann, und an Kongresse, Protokolle, unterdrückte Revolutionen.

Fürst Metternich wurde von Österreich mit dem 1813 an Deutschland zurückfallenden Johannisberg belehnt. Dieser Staatsmann verdient es, Deutschlands erster Küfer und Kellermeister zu sein, denn wer verstand sich so auf den Most der Geister, auf die brausende Gewalt, welche die Tonnenreifen der Staaten sprengen konnte, auf die Beherrschung der sauern und der weinigen Gärungen der Nation? Ist es mir doch, als sähe ich Friedrich von Gentz mit dem Winzermesser die Stöcke beschnei-

134 Heinrich Laube: Neue Reisenovellen. Mannheim 1837, S. 238.

Blick aus Süden auf Schloss Johannisberg

den, die überreif abfallenden Trauben von der Erde auflesen und sorgsam nach Wind und Wetter schauen, ob die heurige Ernte gut geraten wird oder nicht. Es ist ein wildes, revolutionäres Leben, das Traubenleben. Ein geheimer Bund waltet zwischen dem zurückgebliebenen Stock und dem Gewächs, das schon im Fasse liegt. Es wird unruhig in den Kellern, wenn die Reben blühen, die Reifen springen, die edlen schon gekelterten Säfte jauchzen auf mit den keimenden Hoffnungen des zurückgebliebenen Stammes."[135]

Die deutsche Revolution von 1848

Die Unruhen, die Karl Gutzkow fast prophetisch vorausgesagt hatte, brachte die deutsche Revolution von 1848/49. Auch der Rheingau blieb davon nicht unberührt.

135 Karl Gutzkow: Reiseeindrücke aus Deutschland, der Schweiz, Holland und Italien. Jena 1876, S. 62f.

Die politische Opposition hatte sich in allen Staaten des Deutschen Bundes formiert. Sie wartete nur auf den Funken, der das explosive Gemisch zur Explosion bringen würde. Und der kam aus Frankreich. Im Februar 1848 brachen in Paris soziale Unruhen aus. Der Bürgerkönig Louis-Philippe, dem das Großbürgertum zur Macht verholfen hatte, musste abdanken und damit der Republik Platz machen. Das revolutionäre Signal aus Frankreich erreichte schon kurze Zeit später auch das Herzogtum Nassau, zu dem der Rheingau seit 1806 gehörte. Nachdem sich 4000 Menschen in Wiesbaden versammelt hatten, genehmigte die nassauische Regierung am 2. März 1848 die Volksbewaffnung und die Pressefreiheit. Als zwei Tage später 30 000 Demonstranten auf dem Wiesbadener Schlossplatz zusammenkamen, stimmte Herzog Adolph vom Balkon seines Schlosses auch den restlichen „Forderungen der Nassauer" zu. Dazu gehörten die sofortige Einberufung eines deutschen Parlaments, Religionsfreiheit und Verstaatlichung des herzoglichen Domänenbesitzes. Auch zu kuriosen und höchst egoistischen Forderungen kam es in den nächsten Monaten. So verlangten die um ihre Existenz fürchtenden Rüdesheimer Schiffer Anfang März 1848 die „Zerstörung aller Dampfschiffe, aller Eisenbahnen, aller Maschinen" und die „sofortige Verjagung der nicht eingebornen Gewerbetreibenden"[136].
Der weitere Verlauf der Revolution ist bekannt. Die Nationalversammlung in der Frankfurter Paulskirche konnte zwar einen Verfassungsentwurf vorlegen, aber kein Staatsoberhaupt gewinnen. Am 30. Mai 1849 stellte das Parlament nach 230 Sitzungstagen seine Arbeit ein. August Heinrich Hoffmann von Fallersleben, der wegen seiner freiheitlich-liberalen Gesinnung immer wieder Verfolgungen ausgesetzt war, beobachtete das Ende der Nationalversammlung vom Rheingau aus. Er war ein gerngesehener Gast der Weingutbesitzer Johann Dietrich und Karl Dresel in Geisenheim. Im Haus des Freiherrn von Zwierlein, bei den Familien Lade und Dresel trafen sich Schriftsteller, Komponisten und Gelehrte wie Ferdinand Freiligrath, Franz Liszt, Georg Herwegh, Hoffmann von Fallersleben, Emmanuel Geibel, Levin Schücking und Karl Simrock in geselliger Runde. Johann Dietrich Dresel war Mitglied der nassauischen Deputiertenkammer gewesen und hatte dem Vorparlament angehört, von dem die Frankfurter Nationalversammlung vorbereitet worden war. Nach dem blutigen Ende der Revolution wurde die alte Ordnung wiederhergestellt. Mit seinem Edikt vom 27. September 1851 hob Herzog

136 Zit. n. Herzogtum Nassau 1806–1866. Wiesbaden 1981, S. 417.

Adolph alle Grundrechte sowie die Trennung von Justiz und Verwaltung wieder auf. Und, was für die Orte im Rheingau von Bedeutung werden sollte: Die Bürgermeister mussten nun auf Lebenszeit gewählt werden. Die Regierung konnte dabei jeden Kandidaten ablehnen und eigene durchsetzen.

Armut im Weinparadies

Das Herzogtum Nassau, zu dem der Rheingau gehörte, zählte zu den Armenhäusern in Deutschland. Die Auswanderungsquote war hoch, vor allem unter den Bauern, die von ihren Erträgen nicht mehr leben konnten. Der am 24. Oktober 1771 in Johannisberg geborene Publizist und Schriftsteller Johann Ignaz Weitzel berichtete in seiner Autobiographie, wie mühsam es für seine Mutter war, sich selbst und ihren Sohn mit dem Nötigsten zu versorgen.

„Eines Tages, erinnere ich mich, hatte ich meine Mutter auf das Feld begleitet, wo sie arbeitete. Ich sah sie im stillen weinen. ‚Was fehlt euch, Mutter?' fragte ich. ‚Ach', antwortete sie seufzend, ‚ich bin hungrig und habe noch nichts gegessen.' Mich hungerte selbst, und ich weinte auch. Mein Blick fiel auf das Nonnenkloster Gottesthal, das eine gute halbe Stunde von uns lag. [In den Weinbergen nordwestlich von Oestrich, nach der Säkularisierung 1811 abgebrochen, d. A.] ‚Ich will dahin gehen', sagte ich und zeigte mit der Hand nach dem Kloster. Meine Mutter verstand mich, weinte heftiger und antwortete endlich halblaut: ‚Meinetwegen!' Ich flog, fand gleich beim Eingang einige Nonnen, die eben heraustraten und spazieren gehen wollten. Diesen trug ich mein Anliegen vor und bestimmte sie durch die Art meiner Vorstellung und mein Benehmen, das ihnen zu gefallen schien, wieder zurückzukehren. Sie ließen mir Bier vorstellen. Ich aber erklärte ganz aufrichtig, ich tränke lieber Wein. Man fand diesen Geschmack dem Lande und seinen Bewohnern angemessen und lachte über die unbefangene Offenherzigkeit. Ich erhielt ein wenig Wein und ein schönes Stück Brot. Sogleich machte ich mich wieder auf den Weg und war schnell bei meiner Mutter. Diese nahm das Brot und aß es mit solchem Heißhunger, daß ihr Blut aus dem Zahnfleische floß und die Bissen färbte. Ich war sehr glücklich; denn ich liebte meine Mut-

137 Johannes Weitzel: Das Merkwürdigste aus meinem Leben und aus meiner Zeit. Bearb. von Karl Esselborn. Darmstadt 1934, S. 45f.

Wilhelm Heinrich Riehl
(1823 – 1897)

ter über alles. Den Besuch im Kloster habe ich öfter wiederholt, und ich ward immer freundlich aufgenommen."[137]
Mehrere Missernten hintereinander oder, was genauso schlimm war, über längere Zeit ein Überangebot, dazu die billigere Konkurrenz von Bier und Apfelwein ließen viele Winzer verzweifeln und in der Mitte des 19. Jahrhunderts zum letzten Mittel greifen. Der Schriftsteller und Kulturwissenschaftler Wilhelm Heinrich Riehl berichtete 1853 davon:

„Gleich hinter dem Johannisberg wurde im Spätsommer 1850 der Wanderer durch den Anblick eines weitgedehnten Berghanges überrascht, auf welchem sich Tausende von kleinen qualmenden Feuern aneinander reihten, zur Nachtzeit anzuschauen, als habe hier ein Kriegsheer sein Lager aufgeschlagen, während sie bei Tag dem von der Höhe Herabsteigenden das ganze Rheintal in die dichteste Rauchhülle versenkten. Es war dies ein großartiges Rodungsfeuer, welches die auf kleine Pyramiden gehäuften Rasenstücke samt dem endlosen Wurzelwerk eines buschigen Waldbodens verzehren und so die Fläche zum ersten Umbruch fruchtbar machen sollte, ein Rodungsfeuer, nicht, wie in Amerika, wider die uralte Wildnis gerichtet, sondern wider das Elend der Überkultur, wie es in den angrenzenden königlichen Rebenhügeln des Johannisberges unter goldgleißender Hülle sich verbirgt. Die alten Rheingauer würden sich allesamt im Grabe umdrehen, wenn sie erführen, dass man Anno 1850 an den Grenzfurchen des Johannisberges neue - Kartoffeläcker angelegt."[138]

Der Königin Victoria-Weinberg in Hochheim

Im Gegensatz zu Riehl dürfte die Armut eines Teils der Landbevölkerung den zahlreichen Gästen im Rheingau verborgen geblieben sein. Der Rheingau war und blieb ein beliebtes Reiseziel. Und nicht selten kam sogar hoher königlicher Besuch, wie 1845 Queen Victoria mit ihrem Ehemann Prinz Albert. Englische Schriftsteller wie Lord Byron, Edward Bulwer-Lytton oder William M. Thackeray hatten sich schon früh für die romantische Rheinlandschaft begeistert. Zum guten Ton gehörte es für Besucher von der Insel auch, in einem Ort Station zu machen, der gar nicht am Rhein liegt (sondern am Main), aber trotz-

138 Wilhelm Heinrich Riehl: Land und Leute am Rhein. Hg. von Günther Wohlers. Koblenz 1935, S. 166.

dem zum Rheingau gehört: Hochheim. So berichtet beispielsweise der englische Schriftsteller James Boswell in seiner Großen Reise davon, dass er 1764 das Dorf besuchte, das „dem besten alten Rheinwein zu seinem englischen Namen verholfen hat“[139]. Bis heute ist die anglisierte Form von Hochheim, „Hock“, in Großbritannien das Synonym für „Wein aus Deutschland“, auch wenn sich dahinter nicht immer Rheingauer Riesling, sondern eher „Liebfrauenmilch“ verbirgt.

In die Literaturgeschichte ist Hochheim, wenn man den Angaben Christian von Strambergs in seinem *Rheinischen Antiquarius* von 1867 traut, durch den englischen Dichter Lord Byron eingegangen. 1813 soll er sich in dem Dorf aufgehalten haben. Im dritten Gesang seines epischen Gedichts *Childe Harold's Pilgrimage* (1812–18) findet sich ein dreistrophiges Lob der Rheinlandschaft, das sich, so Stramberg, auf Hochheim beziehe, allerdings ohne den Ort ausdrücklich zu erwähnen.

Wohl nicht zuletzt animiert durch das Lob ihrer Dichter besuchte sogar die englische Königin Victoria den berühmten Weinort. 1850 wurde dem Winzer, dem sie einen Besuch abgestattet hatte, die Gunst gewährt, seine Weinberglage „Königin Victoriaberg“ nennen zu dürfen. Die Dankbarkeit dafür war so groß, dass Georg Michael Papstmann, so der Name des cleveren Winzers, zum 35. Geburtstag der britischen Monarchin ein im neugotischen Stil gehaltenes Denkmal in seinem Weinberg errichten ließ, das bis heute nicht zuletzt durch seine herausragende Lage eines der Wahrzeichen von Hochheim ist.
An illustren Gästen hatte es im Rheingau nie einen Mangel. Selbst ein so eisenharter Politiker wie Otto von Bismarck ließ sich von der Rheinlandschaft bezaubern. In seiner Zeit als preußischer Bundestagsgesandter in Frankfurt, von 1851 bis 1859, besuchte er mehrfach den Rheingau, schwamm im Mondschein durch den Rhein, genoss das damals noch stille und ländliche Rüdesheim, trank auf dem Balkon seines *Hotel de Darmstadt* den von ihm geschätzten Rheingauer Wein und bestieg auch den Niederwald. Ob er damals schon Maß genommen hat für ein späteres, den Sieg über Frankreich und die deutsche Einheit verkündendes Denkmal?

139 Boswells große Reise, a.a.O., S. 192.

Das Niederwalddenkmal

Mit der Kabinenseilbahn kann man sich heute bequem und mit einem wunderbaren Blick über die Weinberge von Rüdesheim zum Niederwald tragen lassen, wo das 2016 eröffnete Besucherzentrum über die historischen und landschaftlichen Besonderheiten des einzigartigen Ortes informiert. Einerseits fasziniert der Panoramablick auf den Rhein mit seinen grünen Inseln, die Rüdesheimer Altstadt, Bingen und die Nahemündung, andererseits erinnert das Niederwalddenkmal mit der wehrhaften, gewaltigen Dame Germania an lange und erbittert geführte Auseinandersetzungen mit dem „Erbfeind" genannten Frankreich. Immerhin hatte der Dresdner Kunstprofessor Johannes Schilling, der das 32 Tonnen schwere Nationaldenkmal entwarf, darauf verzichtet, die Germania direkt nach Frankreich blicken zu lassen. Mit einer Höhe von 12,38 Metern auf 25 Meter Unterbau überragt die Bronzefigur den Kasseler Herkules um glatte 3,20 Meter. Errichtet wurde der weibliche Koloss zwischen dem 16. September 1877 und dem 28. September 1883, dem Enthüllungstag, der für den angereisten Kaiser Wilhelm I. beinahe der letzte Tag seines Lebens geworden wäre. Davon gleich mehr. Das Denkmal sollte an den Sieg im Deutsch-Französischen Krieg und an die deutsche Reichsgründung erinnern. Die unerhörte Summe von 1 200 000 Goldmark, die das Ganze verschlang, war zu einem Drittel von Bürgern gespendet worden.

Eine Gruppe von Anarchisten versuchte, am Enthüllungstag die versammelte Festgemeinde mit Kaiser und Reichskanzler in die Luft zu sprengen. Ausgiebige Regenfälle vereitelten den Anschlag. Wahrscheinlich war die Zündschnur nass geworden. Stattdessen sprengten die frustrierten Anarchisten ersatzweise die Vorratskammer eines Rüdesheimer Gasthauses in Luft, wobei 40 Flaschen guten Rheingauer Weins zerstört wurden. Nach umfangreichen Ermittlungen standen die verhinderten Attentäter im Februar 1885 in Halle vor Gericht. Zwei der Anarchisten, Friedrich August Reinsdorf und Reinhold Küchler, wurden zum Tod verurteilt und auf dem Hof des Zuchthauses in Halle hingerichtet. Das Niederwalddenkmal mit dem Gedicht *Die Wacht am Rhein* unter dem Hauptrelief, das die deutschen Heerführer glorifizierte, blieb lange ein patriotischer Gedenkort, der sich auch in den beiden Weltkriegen propagandistisch nutzen ließ.

Freistaat Flaschenhals

Anders als der Deutsch-Französische Krieg von 1870/71 endete der Erste Weltkrieg mit der Niederlage Deutschlands und in der Folge mit der Besetzung des Rheinlands durch Frankreich. Dem Rheingau brachte die neue politische Konstellation ein Kuriosum, den Freistaat Flaschenhals.

„Nirgends ist es schöner als – in dem Freistaat Flaschenhals". Der etwas holprige, aber selbstbewusste Reim ziert einen 50-Pfennig-Schein, der Anfang der zwanziger Jahre im Umlauf war. Das Währungsgebiet dieses Notgeldes war eben jener „Freistaat" zwischen Kaub, Lorch und Laufenselden, der auf der Landkarte einem Flaschenhals sehr ähnlich sah. Entstanden war die ungewöhnliche Enklave am Mittelrhein durch das Waffenstillstandsabkommen vom November 1918. Zusätzlich zum Besatzungsgebiet links des Rheins hatten sich die Alliierten noch zwei rechtsrheinische Brückenköpfe gesichert: Franzosen und Amerikaner setzten ihre Zirkel auf die Landkarte und schlugen um Mainz und Koblenz je einen Halbkreis nach Norden bzw. Osten. Radius 30 km. Bei Laufenselden kamen diese Kreise nahe zueinander, doch Richtung Rheintal war ein Zwischenraum geblieben, der zum Fluss hin breiter wurde. Ein Stück unbesetztes Deutschland – eingeklemmt zwischen Amerikanern und Franzosen.

Im Januar 1919 unterbanden US-Truppen und die französische Besatzungsarmee jeglichen Grenzverkehr in ihre Zonen. Die Flaschenhals-Bewohner waren politisch und wirtschaftlich isoliert. Die zuständige deutsche Verwaltung, das Regierungspräsidium in Wiesbaden, war unerreichbar geworden. Selbst Postverkehr und Telegrafenverbindungen waren gesperrt. Die Züge der Rheinbahn passierten zwar weiterhin Lorch und Kaub, durften aber in diesem Niemandsland nicht halten. Die nächste erreichbare Stadt im unbesetzten Teil Deutschlands war Limburg. Da aber die bislang genutzten Landstraßen früher oder später Besatzungsgebiet durchschnitten, konnten sie nicht befahren werden. Limburg war nur mühsam über unbefestigte Waldwege zu erreichen. Pferdefuhrwerke brauchten für die 60 km zwei volle Tage.

In dieser Lage blieb den Bürgermeistern der Flaschenhals-Gemeinden nur die improvisierte Selbstverwaltung. Für den Behördenkontakt mit Restdeutschland richteten sie in Limburg eine gemeinsame Kommunal-Vertretung ein. Offiziell blieb das Gebiet namenlos. Die gängige Bezeichnung „Freistaat Flaschenhals" steuerte der Volksmund bei. Über die Größe des Freistaats und seine Einwohnerzahl kursieren unterschiedliche Zahlen. Ende 1919 sprach der Wiesbadener Regierungspräsident gegenüber dem Reichsinnenministerium von zwei Städten und 30 Landgemeinden mit insgesamt 17 363 Einwohnern, deren Probleme rasch gelöst werden müssten. Um die Dramatik zu unterstreichen, hatte er das abgeschnittene Gebiet offenbar Richtung Limburg „erweitert". Später war nur noch von 8000 Betroffenen die Rede: die Bürger der Städte Kaub und Lorch und der Gemeinden Lorchhausen, Sauerthal, Ransel, Wollmerschied, Welterod, Zorn, Strüth und Egenroth.

Treibende Kraft der freistaatlichen Selbstverwaltung war der Lorcher Bürgermeister Edmund Pnischeck. Ein Zentrumspolitiker mit viel Energie und ausgeprägtem Selbstbewusstsein. Die überlieferten Innenansichten des „Freistaats" stammen zumeist aus seinen „Erinnerungen"[140], die in etlichen Zeitungen abgedruckt wurden. Der halboffizielle und offensive Gebrauch des Namens „Freistaat Flaschenhals" wird vor allem auf Pnischeck zurückgeführt. Er organisierte auch maßgeblich das gebietseigene Notgeld, das erst 1921 durch die offizielle Reichsmark abgelöst wurde.

Der Alltag im Freistaat gestaltete sich schwierig. Die Post und die meisten Güter kamen von Limburg über morastige Waldwege ins Land. Das Dörfchen Zorn fungierte als Raststation. Dort wurden die Gespanne gewechselt und erst am nächsten Tag ging die Fuhre weiter talwärts. Die Frachtkosten waren entsprechend hoch und verteuerten die Güter. Dafür blühte der Schmuggel über das linke, französisch besetzte Rheinufer.

So war der Freistaat den Franzosen natürlich ein Dorn im Auge und sie drängten immer wieder darauf, das renitente Gebiet ihrer Zone einzuverleiben. Anfang 1923 stimmten die benachbarten Amerikaner schließlich zu und am 25. Februar wehte über Lorch die Trikolore. Den Freistaat gab es nicht mehr.

1994 schlossen sich geschichtsbewusste Winzer und Gastwirte zur „Freistaat-Flaschenhals-Initiative" zusammen. Ziel der FFI ist eine bessere Vermarktung der einheimischen Produkte und die optimale touristische Nutzung des einstigen Freistaat-Gebietes, das damit eine Renaissance erlebt. An den einstigen Grenzen des „Flaschenhalses" wurden entsprechende Schilder aufgestellt, um so auf das Kuriosum hinzuweisen. Ein Präsident ist ernannt, und auch ein Außenministerium hat seine Arbeit aufgenommen.

140 Vgl. Edmund Pnischeck: Freistaat Flaschenhals. Das groteske Gebilde der Besatzungszeit. Sonderdruck der „Frankfurter Nachrichten". O. O. und o. J.

Die kurze Geschichte des merkwürdigen Gebildes aus der Besatzungszeit hatte 1923 geendet. Zehn Jahre später waren die Nationalsozialisten an der Macht, die den Ressentiments gegenüber Frankreich neue Nahrung gaben. Die Rheingauer verhielten sich während der NS-Zeit nicht anders als die meisten Deutschen. Für den ehemaligen Volksstaat Hessen, zu dem der Rheingau gehörte, hatten die Nationalsozialisten schon im März 1933 in einer ehemaligen Papierfabrik im rheinhessischen Osthofen ein Konzentrationslager eingerichtet. Das war zwar auf der anderen Rheinseite, aber so weit nicht vom Rheingau entfernt. In Anna Seghers 1942 in ihrem mexikanischen Exil erschienenen Roman *Das siebte Kreuz* heißt das Konzentrationslager Westhofen. Daraus können sieben Häftlinge fliehen. Vier werden schon nach kurzer Zeit wieder eingefangen und ermordet, einer stirbt während der Flucht, der sechste stellt sich freiwillig, nur einem, dem Mechaniker Georg Heisler, gelingt es unter großen Strapazen in Freiheit zu bleiben. Die in Mainz geborene Anna Seghers lässt ihren Roman in ihrer Heimat am Rhein spielen und beschreibt in vielen Facetten das Verhalten von Menschen in einem totalitären System. Widerstand zu leisten, wenn man das eigene Leben in Gefahr sieht, ist eine Herausforderung, der nur wenige Menschen gewachsen sind.

Wirtschaftlich gesehen hatten die Rheingauer Winzer sogar von dem zentralistischen System der Nationalsozialisten profitiert. „1936“, so Karl Rolf Seufert, „startete man die ‚Aktion Patenwein‘. So schenkte man Rüdesheimer Wein in Lübeck, Güstrow und Schwerin aus oder Eibinger Wein in Aachen. Sonderzüge brachten ‚Kraft-durch-Freude-Urlauber‘ in die Rheingaudörfer. Subventionen und Mindestpreise nahmen den Winzern die Existenzsorgen“[141].

Aber der Preis für Annäherung und passive Duldung musste gezahlt werden. Und er war hoch. Am 12. und 13. August 1940 warfen britische Flugzeuge Brandbomben auf Schloss Johannisberg und zerstörten weite Teile der Gebäude. Am 12. November 1944 musste der Platz vor dem Niederwalddenkmal noch einmal als Ort herhalten, wo der NS-Gauleiter markige Durchhalteparolen verkündete. Keine zwei Wochen später versank Rüdesheim in Schutt und Asche. Der Wiederaufbau nach dem Zweiten Weltkrieg füllte zunächst die

141 Seufert, a.a.O., S. 155.

entstandenen Lücken. Mit dem Wirtschaftswunder und dem zunehmenden Autoverkehr entstanden neue Probleme, für die allzu leicht Lösungen gefunden werden sollten. Im Zuge solcher Planungen entstand, wie Horst Johannes Tümmers schreibt, die älteste Bürgerinitiative Deutschlands. Um dem Autoverkehr im Rheingau Herr zu werden, wurde bereits 1949 eine Idee konkretisiert, die eine Umgehung Eltvilles über den schmalen Uferstreifen zwischen Stadt und Rhein favorisierte. „Die Pläne sahen eine viersprurige, 21 m breite Autobahn vor. Sie sollte streckenweise auf einem 2,16 m hohen Damm geführt werden und eine 6 m hohe Auffahrtsrampe erhalten."[142]
Heiligabend 1964 machte der im Rheingau aufgewachsene Publizist Karl Korn, Mitherausgeber der *FAZ*, auf das seit 15 Jahren schwelende Projekt aufmerksam und skizzierte, welche Schäden die vorgesehene Trassenführung im Eltviller Stadtbild und besonders am Rheinufer hervorrufen würde. Er beschrieb die zum Teil jahrhundertalten großzügig angelegten Häuser, die im 19. Jahrhundert entstandenen Villen und erinnerte daran, dass Johannes Gutenberg eine Zeitlang in Eltville gelebt hatte. In der Kurfürstlichen Burg von Eltville war der Erfinder des Buchdrucks mit beweglichen Lettern 1465 von dem Mainzer Kurfürst Adolf II. zum Hofmann ernannt und damit von seinen materiellen Sorgen befreit worden. (Die Gutenberg-Gedenkstätte im Turm der Kurfürstlichen Burg lässt diese Zeit wieder lebendig werden.)
Der Protest gegen die Rheinufertrasse hatte zunächst keinen Erfolg. 1970 ließ das Bundesverkehrsministerium verkünden, dass der Bau der „rheinseitigen Umgehung" aus städtebaulicher, verkehrstechnischer und wirtschaftlicher Hinsicht die günstigste Lösung sei. Dagegen erhob sich ein bürgerlicher Proteststurm, der weit über Eltville hinaus wehte und schließlich auch die Bonner Bastion ins Wanken brachte. Es sollte allerdings noch Jahre dauern, bis die Pläne endgültig vom Tisch waren. Die Umgehungsstraße führt nun nördlich an Eltville vorbei. Die Uferpromenade der Rosenstadt Eltville mit der ehemals Kurfürstlichen Burg, der Burg Crass und dem Villenensemble zählt heute zu den schönsten am gesamten Rheinlauf.

142 Tümmers, a.a.O., S. 287.

„Denn überall lockten Reize und Sehenswürdigkeiten“.

Der Rheingau in der Literatur des 20. Jahrhunderts

In die Weltliteratur ist Eltville durch einen Hochstapler eingegangen. Als Sohn eines leichtlebigen Sektfabrikanten erblickte er dort das Licht der Bücherwelt. Sein Biograph Thomas Mann nennt kein Geburtsdatum, sogar den Geburtsort verschweigt er, aber aus seiner Beschreibung ergibt sich eindeutig, dass es sich um die Rosen- und Sektstadt Eltville handeln muss. Felix Krull lernte den Betrug von seinem Vater, der eine fürchterliche Plörre produzierte, sie aber pompös verpackte. „Persönliche Grazie“ habe sein Vater besessen, erinnerte sich Krull, und er sei ein „Günstling der Frauen“[143] gewesen. Er konnte sich gewählt ausdrücken und, weil er französisches Blut von seiner Großmutter geerbt hatte, ließ er immer wieder französische Ausdrücke in seine Rede einfließen. So ein Vater ist wie geschaffen für einen künftigen Betrüger und Heiratsschwindler. Thomas Mann begann mit seinem Schelmenroman *Bekenntnisse des Hochstaplers Felix Krull* bereits 1910, kam aber nicht so recht voran. Er veröffentlichte immer wieder Teile daraus, aber als „Der Memoiren erster Teil“ erschien er erst 1954, also ein Jahr vor Manns Tod.

Für den Germanisten Helmut Koopmann ist der Roman „autobiographisch orientiert“, weil er ein Thema behandele, „das Thomas Mann in der Zeit, in der der Plan dazu zum ersten Mal hochkam, wiederholt genutzt hat: das Thema des Künstlers, des von der Gesellschaft Ausgestoßenen und doch in sie integrierten, die Sonderstellung des hochbegabten Einzelgängers, der sich keiner Gemeinschaft fügen will, dennoch aber pausenlos mit ihr zu tun hat“[144].

Warum Thomas Mann gerade Eltville als Geburtsort seines Helden ausgewählt hat, ist heute nicht mehr mit Sicherheit zu ergründen.

143 Thomas Mann: Der Erwählte/Bekenntnisse des Hochstaplers Felix Krull. Frankfurt am Main 1986, S. 265f.

144 Helmut Koopmann: Bekenntnisse des Hochstaplers Felix Krull. In: Ders. (Hg.): Thomas Mann-Handbuch. Frankfurt am Main 2005, S. 516.

Wahrscheinlich suchte er ein geographisches Symbol für die Leichtlebigkeit und Unbekümmertheit seines angehenden Hochstaplers und fand es im Rheingau, den er auch als „kleine Riviera" bezeichnet haben soll. Dagegen ist belegt, dass Mann Eltville selbst nie gesehen hat. Sein Wissen bezog er aus Beschreibungen und Reiseführern. In Eltville hat man versucht, die Villa ausfindig zu machen, in der Krull geboren worden sein soll. Die Eltviller Stadtarchivarin Helga Simon vermutet, dass es sich um die „mit Glyzinien bewachsene ehemalige Villa Englerth" handelt, die aus der Biedermeierzeit stammt. „Sie trägt heute den Namen G. H. von Mumm. Das Haus gehörte zeitweilig einer Herzogin von Württemberg, deren Wappen sich in der Stuckdecke des Saales wiederfindet. (...) Als das Haus 1918 an die Firma Matheus Müller verkauft wurde, erstreckte sich der Park bis zum Rheingarten der Villa Marix. Die Matheus-Müller-Straße wurde später durch den Park geführt."[145]

Zu Beginn seines Romans lässt Thomas Mann seinen lebenserfahrenen, aber „sehr müden" Krull Bedenken äußern, ob er einer solchen geistigen Unternehmung wie dem Verfassen einer Autobiographie überhaupt gewachsen sei. Aber diese Zweifel zerstreut er in bester Hochstapler-Manier gleich selbst und führt uns unmittelbar in das Familienleben der Krulls.

„Der Rheingau hat mich hervorgebracht, jener begünstigte Landstrich, welcher, gelinde und ohne Schroffheit sowohl in Hinsicht auf die Witterungsverhältnisse wie auf die Bodenbeschaffenheit, reich mit Städten und Ortschaften besetzt und fröhlich bevölkert, wohl zu den lieblichsten der bewohnten Erde gehört. Hier blühen, vom Rheingaugebirge vor rauen Winden bewahrt und der Mittagssonne glücklich hingebreitet, jene berühmten Siedlungen, bei deren Namensklange dem Zecher das Herz lacht, hier Rauenthal, Johannisberg, Rüdesheim, und hier auch das ehrwürdige Städtchen, in dem ich, wenige Jahre nur nach der glorreichen Gründung des Deutschen Reiches, das Licht der Welt erblickte. Ein wenig westlich des Knies gelegen, welches der Rhein bei Mainz beschreibt, und berühmt durch eine Schaumweinfabrikation, ist es Hauptanlegeplatz der den Strom hinauf und hinab eilenden Dampfer und zählt gegen viertausend Einwohner. Das lustige Mainz war also sehr nahe und ebenso die vornehmen Taunusbäder als: Wiesbaden, Homburg, Langenschwalbach und Schlangenbad, welch letzteres man

145 Helga Simon: Reiche Neubürger wo einst Treidelknechte Schiffe zogen. In: Geschichtswerkstatt Wiesbaden (Hg.): Wiesbaden und Rheingau zu Fuß. Wiesbaden ²2009, S. 251.

Blick auf die Stadtkirche von Eltville

in halbstündiger Fahrt auf einer Schmalspurbahn erreichte. Wie oft in der schönen Jahreszeit unternahmen wir Ausflüge, meine Eltern, meine Schwester Olympia und ich, zu Schiff, zu Wagen und mit der Eisenbahn, und zwar nach allen Himmelsrichtungen: denn überall lockten Reize und Sehenswürdigkeiten, die Natur und Menschenwitz geschaffen. Noch sehe ich meinen Vater in kleinkariertem, bequemem Sommeranzug mit uns in irgendeinem Wirtsgarten sitzen – ein wenig weitab vom Tische, weil sein Bauch ihn hinderte, nahe heranzurücken – und mit unendlichem Behagen ein Gericht Krebse nebst goldenem Rebensaft genießen. Oftmals war auch mein Pate Schimmelpreester dabei, betrachtete Land und Leute scharf prüfend durch seine rundäugige Malerbrille und nahm das Große und Kleine in seine Künstlerseele auf.

Mein armer Vater war Inhaber der Firma ‚Engelbert Krull', welche die untergegangene Sektmarke ‚Lorley extra cuvee' erzeugte. Unten am Rhein, nicht weit von der Landungsbrücke, lagen ihre Kellereien, und nicht selten trieb ich mich als Knabe in den kühlen Gewölben umher, schlenderte gedankenvoll die steinernen Pfade entlang, welche in die Kreuz und Quere zwischen den hohen Gestellen hinführten,

Villa Englerth in Eltville

und betrachtete die Heere von Flaschen, die dort in halbgeneigter Lage übereinandergeschichtet ruhten. Da liegt ihr, dachte ich bei mir selbst (wenn ich auch meine Gedanken natürlich noch nicht in so treffende Worte zu fassen wußte), da liegt ihr in unterirdischem Dämmerlicht, und in euerem Innern klärt und bereitet sich still der prickelnde Goldsaft, der so manchen Herzschlag beleben, so manches Augenpaar zu höherem Glanze erwecken soll! Noch seht ihr kahl und unscheinbar aus, aber prachtvoll geschmückt werdet ihr eines Tages zur Oberwelt aufsteigen, um bei Festen, auf Hochzeiten, in Sonderkabinetten eure Pfropfen mit übermütigem Knall zur Decke zu schleudern und Rausch, Leichtsinn und Lust unter den Menschen zu verbreiten. Ähnlich sprach der Knabe; und so viel wenigstens war richtig, daß die Firma ‚Engelbert Krull' auf das Äußere ihrer Flaschen, jene letzte Ausstattung, die man fachmännisch die Coiffure nennt, ein ungemeines Gewicht legte. Die gepreßten Korken waren mit Silberdraht und vergoldetem Bindfaden befestigt und mit purpurrotem Lack übersiegelt, ja ein feierliches Rundsiegel, wie man es an Bullen und alten Staatsdokumenten sieht, hing an einer Goldschnur noch besonders herab; die Hälse waren reichlich mit glänzendem Stanniol umkleidet, und auf den Bäuchen prangte ein golden umschnörkeltes Etikett, das mein Pate Schimmelpreester für die Firma entworfen hatte und worauf außer mehreren Wappen und Sternen, dem Namenszuge meines Vaters und der Marke ‚Lorley extra cuvee' in Golddruck eine nur mit Spangen und Halsketten bekleidete Frauengestalt zu sehen war, welche, mit übergeschlagenem Beine auf der Spitze eines Felsens sitzend, erhobenen Armes einen Kamm durch ihr wallendes Haar führte. Übrigens scheint es, daß die Beschaffenheit des Weines dieser blendenden Aufmachung nicht vollkommenen entsprach. ‚Krull', mochte mein Pate Schimmelpreester wohl zu meinem Vater sagen, ‚Ihre Person in Ehren, aber Ihren Champagner sollte die Polizei verbieten. Vor acht Tagen habe ich mich verleiten lassen, eine halbe Flasche davon zu trinken, und noch heute hat meine Natur sich nicht von diesem Angriff erholt. Was für Krätzer verstechen Sie eigentlich zu diesem Gebräu? Ist es Petroleum oder Fusel, was Sie bei der Dosierung zusetzen? Kurzum, das ist Giftmischerei. Fürchten Sie die Gesetze!' Hierauf wurde mein armer Vater verlegen, denn er war ein weicher Mensch, der scharfen Reden nicht standhielt. ‚Sie haben leicht spotten, Schimmelpreester', versetzte er wohl, indem er nach seiner Gewohnheit mit den Fingerspitzen zart seinen Bauch streichelte, ‚aber ich muß billig herstellen, weil das Vorurteil gegen die heimischen Fabrikate es so will – kurz, ich gebe dem Publikum, woran es glaubt. Außerdem sitzt die Konkurrenz mir im Nacken, lieber Freund, so daß es kaum noch zum Aushalten ist.' Soweit mein Vater."[146]

Auch die von der Familie Krull bewohnte Villa und den sie umgebenden Park beschreibt Mann mit großer Freude am kitschigen Detail. Gartenzwerge, Glaskugeln, Grotten und Springbrunnen zierten die weitläufige Anlage.

„Um nun von der inneren Häuslichkeit zu reden, so war sie nach dem Geschmack meines Vaters sowohl lauschig wie heiter. Trauliche Erkerplätze luden zum Sitzen ein, und in einem davon stand ein wirkliches Spinnrad. Zahllose Kleinigkeiten: Nippes, Muscheln, Spiegelkästchen und Riechflakons waren auf Etageren und Plüschtischchen angeordnet; Daunenkissen in großer Anzahl, mit Seide oder vielfarbiger Handarbeit

146 Thomas Mann, Erstes Buch, erstes Kapitel. Aus: ders., Bekenntnisse des Hochstaplers Felix Krull. Gesammelte Werke in dreizehn Bänden. Band VII. © S.Fischer Verlag GmbH, Frankfurt am Main 1960, 1974

überzogen, waren überall auf Sofas und Ruhebetten verteilt, denn mein Vater liebte es, weich zu liegen; die Gardinenträger waren Hellebarden, und zwischen den Türen waren jene luftigen Vorhänge aus Rohr und bunten Perlenschnüren befestigt, die scheinbar eine feste Wand bilden und die man doch, ohne eine Hand zu heben, durchschreiten kann, wobei sie sich mit einem leisen Rauschen oder Klappern teilen und wieder zusammenschließen. Über dem Windfang war eine kleine, sinnreiche Vorrichtung angebracht, die, während die Tür, durch Luftdruck aufgehalten, langsam ins Schloß zurücksank, mit feinem Klingen den Anfang des Liedes ‚Freut euch des Lebens' spielte."[147]

Villa Hagedorn

Keine erfundene Eltviller Villa, sondern eine reale spielt in Hermann Hagedorns Erinnerungen *Familie zwischen zwei Welten* eine tragende Rolle. Hagedorn wurde am 18. Juli 1882 in Staten Island (New York) als Sohn deutscher Einwanderer geboren. 1907 wurde er durch ein Gedicht berühmt, das er zu seiner Promotion an der Harvard University geschrieben hatte. Es war durch seine für diese Zeit ungewöhnlichen Rhythmen und sein emotionales Plädoyer für die Humanität aufgefallen und von zahlreichen Zeitungen in den USA nachgedruckt worden. Danach unterrichtete er Englisch an der Harvard University. 1916 lernte er den amerikanischen Präsidenten Theodore Roosevelt kennen, über den er im Laufe der Jahre acht Bücher schrieb. 1919, nach dem Tod Roosevelts, gehörte er zu den Gründern der Theodore Roosevelt Association, für die er bis 1957 in leitenden Funktionen tätig war. Er starb am 27. Juli 1964. Neben seinen Büchern über Roosevelt schrieb er weitere Biographien, Gedichte und Prosatexte. 1960 veröffentlichte er unter dem Titel *The Hyphenated Family (Die Bindestrich-Familie)* die Geschichte seiner deutsch-amerikanischen Familie, die, wie er in seiner Einleitung schreibt, „versucht hat, gleichzeitig in zwei Ländern zu leben". Die Übersetzung von Hildegard Burwick erschien 1983 im Verlag Walter Leseberg. Hagedorns deutschstämmiger Vater, ein erfolgreicher amerikanischer Baumwollmakler, entschloss sich 1907, nicht unbedingt zur Freude seiner Familie, nach Deutschland zurückzukehren. Er kaufte ein Haus in Niederwalluf und ließ es zur 30-Zimmer-Villa umbauen. Zunächst

147 Ebd.

Rheinuferpromenade in Eltville

schien es so, als ob die Familie im Rheingau glücklich werden könnte.

„Wir fielen dem Zauber des Rheins zum Opfer wie die Fischer in Heines ‚Lorelei'. Das Haus, das von herrlichen alten Bäumen umgeben war, die lange Promenade, parallel zum bewegten, langsam dahinfließenden Strom, der Rosengarten, der Weinberg, ein altertümlicher steinerner Wasserturm, der versteckte kleine Hafen, die bewaldeten Hügel, mit Glycinien bewachsene Mauern am Ufersaum des Flusses, die Boote, die flußauf- und -abwärts glitten, die Wälder und Wiesen im Innern des Landes – o ja, es konnte einem schon gefallen! Legende, Sage und Geschichte rings um uns herum! Wer hätte keinen Sinn dafür gehabt! Ob auch Mutter dem Zauber, der uns alle gefangen nahm, jemals verfiel, das weiß ich nicht. Wie immer sagte sie wenig. Sie ergab sich, sie schickte sich drein mit der gewohnten Geduld. Und schließlich wusste und glaubte sie ja auch, dass sie nichts ändern, nichts dabei tun konnte."[148]

148 Hermann Hagedorn: Familie zwischen zwei Welten. Übers. Von Hildegard Burwick. Nienburg 1983, S. 172f.

Das Haus mit sechs Badezimmern, einer prachtvollen Inneneinrichtung und einem „eindrucksvollen Wohnzimmer mit Ausblicken auf den Rhein“ brachte den Bewohnern kein Glück. Die Familie, die das Leben auf einer Ranch oder in New York gewohnt war, fühlte sich in Eltville seltsam fremd. Statt in der Villa zu bleiben, kehrten die Kinder, für die das Haus gedacht war, nach Amerika zurück. Die Versuche, die Villa zu verkaufen, scheiterten. Während des Ersten Weltkriegs verlor der Vater sein Vermögen, das er in deutschen Kriegsanleihen angelegt hatte. Schließlich zog er vereinsamt nach Göttingen in das Haus, das er für seine Schwestern gebaut hatte. Die Villa Hagedorn, die 1868 als Villa Margarethe errichtet worden war, konnte erst nach dem Zweiten Weltkrieg und nur zu einem Bruchteil des Preises, den sie gekostet hatte, verkauft werden. Sie ist zu Eigentumswohnungen umgebaut worden. Die Haltestelle „Villa Hagedorn“ der Buslinie 171 trägt ihren Namen.

Eltville als Leseort

Wo ließe es sich schöner im *Felix Krull* oder in den Erinnerungen von Hermann Hagedorn lesen als auf der Eltviller Rheinuferpromenade. Der Turm der Kurfürstlichen Burg lädt zum Besuch der Gutenberg-Gedenkstätte. Die auf das 11. Jahrhundert zurückgehende Burg Crass, die um 1840 neugotisch umgestaltet wurde und heute ein Restaurant beherbergt, schlägt den Bogen vom Mittelalter über die Spätromantik zu den kulinarischen Bedürfnissen unser Zeit. Ein kleiner Spaziergang führt an den berühmten Rheinvillen von Eltville vorbei, auch an der Villa Englerth, in der die Familie Krull gewohnt haben könnte. Wer nur lesen möchte, sollte sich bei gutem Wetter ganz nah an den Rhein setzen und gelegentlich einen Blick auf die vorbeifahrenden Schiffe oder die Königsklinger Aue in der Rheinmitte werfen. Eine schönere Uferpromenade hat der Rheingau nicht zu bieten.

Der Rhein als Versprechen

Für den Schriftsteller Alfons Paquet, der am 26. Januar 1881 in Wiesbaden geboren wurde, lagen der Rhein und der Rheingau vor der Haustüre. Er schrieb Erzählungen, Theaterstücke und Gedichte, berühmt wurde er zu Lebzeiten aber mit seinen Reisereportagen. Als Korrespondent der *Frankfurter Zeitung* fuhr er kreuz und quer durch die Welt. Mit seinen Berichten aus dem kommunistischen Russland erregte er 1919 großes Aufsehen. Obwohl er als praktizierender Christ und später als Quäker jede Form von Gewalt ablehnte, warb er für die soziale Revolution Lenins und warnte vor den politischen Folgen des verlorenen Weltkriegs für Deutschland und Europa. Dabei geriet auch der Rhein in seinen Blick. Mit ihm verband er in fünf Büchern zwischen 1920 und 1941 die Vision eines friedlichen, die Völker vereinenden Europas. Im ersten dieser Bände, *Der Rhein als Schicksal*, schrieb er 1920 angesichts der Rheinlandbesetzung durch die Alliierten: Heute bedeute „der Rhein, vom Reiche abgeschnitten durch die Unnatürlichkeit militärgeometrischer Halbkreise, in dieser Abtrennung beides: einen Splitter in der Seite des Westens, und zugleich ein Versprechen auf ein neues, einheitliches Europa“[149].

In der NS-Zeit konnte sich Paquet nicht mehr politisch äußern. 1933 wurde er aus der Preußischen Akademie der Künste ausgeschlossen, weil er die geforderte Solidaritätserklärung für Hitler verweigert hatte. Zeitweise leitete er das Feuilleton der *Frankfurter Zeitung*, aber in seinen Publikationsmöglichkeiten blieb er sehr eingeschränkt. Neben Zeitungsartikeln schrieb er vor allem Reiseberichte, die zum Teil in Buchform erschienen. So veröffentlichte er 1937 unter dem Titel *Der Frankfurter Rundhorizont* ein Bändchen mit Ausflugtipps für das Rhein-Main-Gebiet. Selbstverständlich widmete er dem Rheingau ein eigenes Kapitel. Er empfahl die Fahrt von Eltville nach Lorch und schilderte eine Idylle, die es in dem vom nationalsozialistischen Terror beherrschten Land nicht mehr gab. Paquet wusste das natürlich, er hatte Ausgrenzung und Verfolgung selbst erlebt. In seinem Rheingau-Kapitel träumte er sich in eine bessere Welt mit dem Rhein als völkerverbindenden Strom:

„Herrlich ist die Breite des Rheins bei Walluf. Russische Kriegsgefangene begrüßten einst hier den Strom mit choralartigen seligen Lie-

149 Alfons Paquet: Der Rhein als Schicksal. München 1920, S. 60.

dern vom Dnjepr, von der Kama und der Wolga. Hier hat das Bild vom Rhein seine Größe, und die schmalen, langen, bewaldeten Inseln sind doch geräumig genug, um von Gutsherrschaften und Bauern bewohnt zu werden. Diese Auen liegen wie ankernde Flöße in der silberhellen, strömenden Breite. Über den Strom hinweg sieht man schon die Rochuskapelle auf der Anhöhe drüben; fleischrot leuchtet der Steinbruch davor. Im Strom kommen immer wieder Schiffe, diesmal ein Kahn mit breiten rotblauen Streifen um das Heck, und auf dem Heck die Wohnhütte, kreideweiß, mit Blumentöpfen an der Fensterluke."[150]

Alfons Paquet erlebte das Ende des Hitler-Reichs nicht mehr. Er starb am 8. Februar 1944 bei einem Bombenangriff auf Frankfurt.

Ein Jahrhundert Leben

Auch der Rheingau war im Zweiten Weltkrieg immer wieder das Ziel der alliierten Flugzeuge, die ihre Last nicht nur über militärischen Einrichtungen, Fabriken und Verkehrswegen abwarfen, sondern auch über den architektonischen Schätzen des Rheingaus. Bereits im August 1942 war Schloss Johannisberg fast vollständig zerstört worden. Tatiana, Fürstin von Metternich-Winneburg berichtet in ihren Lebenserinnerungen, wie sie auf Schloss Königswart bei Eger, wo sie sich gerade aufhielt, von dem schrecklichen Ereignis erfuhr. Sie hatte im Jahr zuvor 1941 Paul Alfons von Metternich-Winneburg geheiratet, den Urenkel des österreichischen Kanzlers Klemens Wenzel Fürst von Metternich, der wie sie kritisch zum NS-Regime eingestellt war.

„Ich war allein in Königswart, als das in nüchternen Stil gehaltene Telegramm von Domänendirektor Labonte eintraf. Darin hieß es lakonisch: ‚Schloß und Ökonomiegebäude durch Fliegerangriff vollständig zerstört, Personen kamen nicht ums Leben.'

Darauf folgte ein zweites Telegramm meiner Schwiegermutter: ‚Wir sind gesund bei Mumm.'

Kurz darauf rief Paul an. Man hatte ihm für die Besichtigung des Schadens einen Tag Urlaub gewährt. Als er im Rüdesheimer Bahnhof ankam, gab es kein Vehikel mehr, das ihn hätte abholen können; so stieg er zu Fuß die noch mit einem Dunst von Rauch und Staub verhängten Weinberge hinauf. Fetzen von Fuchspelzdecken, angefertigt von selb-

150 Alfons Paquet: Der Frankfurter Rundhorizont. Frankfurt am Main 1937, S. 20.

sterlegten Tieren, kamen ihm entgegengeflogen; erst jetzt erblickte er das Skelett des Hauses. (...) Viel später ließ man den Schutt aus dem Ostflügel sieben; es kamen einige Gold- und Silbergegenstände zum Vorschein, die wieder ausgebeult wurden; allein ein Porzellanhund war unversehrt geblieben. Ich fühlte mich bei der Suche wie einer der Ausgräber Pompejis, der nach Jahrhunderten in der Asche früherer Wohnstätten wühlt."[151]

Das Leben von Tatiana von Metternich umspannt fast ein ganzes Jahrhundert, vom zaristischen Russland bis zum wiedervereinigten Deutschland im 21. Jahrhundert. Sie wurde als Tochter von Fürst Ilarion Wassiltschikow und Fürstin Lydia Wiazemskaja, am 19. Dezember 1914 (nach julianischem Kalender) oder am 1. Januar 1915 (nach gregorianischem Kalender) in Petrograd (heute St. Petersburg) geboren, entstammte also dem russischen Hochadel. Das war über Jahrhunderte ein gesellschaftliches und wirtschaftliches Privileg gewesen, aber als sie geboren wurde, neigte sich die Adelsherrschaft in ihrer Heimat jäh dem Ende zu. Der Erste Weltkrieg hatte begonnen, und er brachte neben gewaltigen Opfern 1917 die kommunistische Oktoberrevolution mit den anschließenden blutigen Kämpfen zwischen den ‚Roten' und den ‚Weißen', also den Revolutionären und den Verfechtern der alten Ordnung. Fürstin Tatiana war noch ein kleines Kind, als die Familie aus Petrograd fliehen musste, aber die Ereignisse dieser Zeit und der folgenden Jahre brannten sich in ihr Gedächtnis, so dass sie sich in den siebziger Jahren des letzten Jahrhunderts, als Sie ihren *Bericht eines ungewöhnlichen Lebens* schrieb, an viele kleine Details erinnerte – vor allem an ihre Mutter, die das Mädchen auch in den heftigsten Wirren behütete und die Illusion einer glücklichen Kindheit aufrecht hielt. Die Flucht ging zur Krim, wo sie ein englischer Flottenverband aufnahm und nach Malta brachte. Über Frankreich führte der Weg in das unterdessen selbstständige Litauen, wo die Familie Ländereien besaß. Der Vater wollte sich darum kümmern. Der Rest der Familie brach zunächst nach Baden-Baden und dann nach Paris auf, wo die inzwischen zehnjährige Tatiana zum ersten Mal eine Schule besuchte. Die Mutter riet ihr, in München Zeichnen und Malerei zu studieren. Gerade hatten die Nationalsozialisten die Macht in Deutschland übernommen. Auf dem Weg dorthin sah sie erstmals den Rhein und Schloss Johannisberg, das für sie einmal die neue Heimat werden sollte. Da der Vater die Familie

151 Tatiana Metternich: Bericht eines ungewöhnlichen Lebens. © 1987 by LangenMüller in der F.A. Herbig Verlagsbuchhandlung GmbH, München, S. 321 und 323.

nach Litauen zurückrief, blieb das Studium unvollendet. Erst 1939 kam sie wieder nach Deutschland und erhielt wegen ihrer Sprachkenntnisse eine Stelle im Auswärtigen Amt, wo neben linientreuen Nationalsozialisten auch bedeutende Vertreter des deutschen Widerstands arbeiteten. Nach der Hochzeit mit Paul Alfons von Metternich-Winneburg lebte das Paar, soweit es der Krieg zuließ, auf Schloss Königswart bei Eger. Nach der Vertreibung aus der Tschechoslowakei lebten sie auf Schloss Johannisberg, das sie bis in die sechziger Jahre hinein wieder aufbauten.

Der Wein, der dort erzeugt wurde, war schon im 18. und 19. Jahrhundert sehr geschätzt worden. Tatiana und Paul von Metternich knüpften an diese Tradition an und machten den „Johannisberger" zu einem der auch international berühmtesten deutschen Weine. Zusammen mit einer Wiesbadener Sektfirma kreierten sie zudem die Marke Fürst von Metternich. Auch nach dem Verkauf von Schloss und Weinbergen an die Oetker-Gruppe blieben sie dort wohnen. Für Tatiana von Metternich, die am 26. Juli 2006 auf Schloss Johannisberg starb, war Wohltätigkeit persönliche Verpflichtung. Sie betätigte sich in vielfältiger Weise karitativ, zum Beispiel im Deutschen Roten Kreuz und im

Lazarus-Orden. Sie war Mitbegründerin und Vorsitzende des Kuratoriums des Rheingau Musik Festivals, das Schloss Johannisberg zu einem seiner herausragenden Veranstaltungsorte zählt.

Das Festival vergibt jährlich den Rheingau Musikpreis und im Rahmen des Rheingau Literatur Festivals auch einen Literaturpreis, der mit einer Geldsumme und 111 Flaschen Rheingauer Weins verbunden ist. Im Jahr 2002 wurde Robert Gernhardt damit ausgezeichnet.

Germanias wahre Schätze

Gernhardt war mehr als ein Schriftsteller. Er war auch Zeichner, Maler und Drehbuchautor. Er schrieb Gedichte, satirische Texte, Essays, Theaterstücke, Kinderbücher, Radiosendungen und Bildergeschichten. Geboren wurde er am 13. Dezember 1937 in Reval (heute Tallin) als Sohn einer baltendeutschen Familie. 1939, mit dem Beginn des Zweiten Weltkriegs, musste die Familie nach Posen übersiedeln. Als der NS-Spuk und der Krieg vorbei waren, floh Robert Gernhardt mit seiner Mutter und seinen beiden Brüdern nach Deutschland. Nach seinem Studium hätte er in den Schuldienst gehen können, aber er entschied sich 1964 für Frankfurt und heuerte bei der zwei Jahre zuvor gegründeten Satirezeitschrift *Pardon* an. 1979 gehörte er zu den Mitbegründern des Satiremagazins *Titanic*, das zunächst in Konkurrenz zur *Pardon* stand. Letztere wurde allerdings schon 1982 eingestellt. Um die beiden Zeitschriften entstand die „Neue Frankfurter Schule" mit Robert Gernhardt, F. K. Waechter, Eckhard Henscheid, Chlodwig Poth, Hans Traxler, F. W. Bernstein, Bernd Eilert und Peter Knorr. Sie knüpfte, bewusst oder nicht, an die Frankfurter Satiretradition des 19. Jahrhunderts an. Knorr und Gernhardt hatten ihr satirisches Werkzeug auch bei Unterhaltungssendungen des Hessischen Rundfunks geschärft, ehe sie zusammen mit Bernd Eilert Texte und vier Drehbücher für Otto Waalkes schrieben. In die Literaturgeschichte ist Gernhardt, der am 30. Juni 2006 in Frankfurt starb, mit seinen Gedichten eingegangen. Es dauerte allerdings lange, bis er bei der Literaturkritik Anerkennung fand. Er galt als Humorist und Satiriker; seine Gedichte wurden als Nonsens abgetan. Dabei sind sie kleine, komplexe Kunstwerke, in denen Gernhardt souverän mit Strophen- und Reimformen, mit Rhythmus und Versmaß umgeht. Fast beiläufig zitiert er Welt- und Literaturgeschichte, scheut sich nicht vor Kalauern und setzt gern eine Schlusspointe. Über seine Gedichte durfte man nicht nur lachen, man sollte es sogar.

Die ansehnliche Sammlung von Weinflaschen beim Rheingauer Literaturpreis dürfte Gernhardt besonders gefreut haben. Denn mehr als einmal hat er das hohe Lied des Weins gesungen, wie in seinem Gedicht *Die und Ich*:

„Wahre Schätze kann man in Weinbergen bergen,
Vorausgesetzt, daß sich Menschen sorgen:
Heute um ihre Weinstöcke und
um meinen Wein morgen
Seh ich der Weinstöcke Reih und Glied,
muß ich den Menschen in Gedanken danken:
Was da heute Haltung bewahrt, das läßt
mich morgen schon schwanken.“[152]

Nach der Wiedervereinigung und dem Umzug der Regierung von Bonn nach Berlin unterzog Gernhardt das Niederwalddenkmal einer kritischen Inspektion und ließ die *Germania* die veränderte politische Situation bilanzieren:

„Germania grüßt vor Rüdesheim,
Wohl überm Roseneck,
Ich bliebe liebend gern zu Haus
Und fahr schon wieder weg.

Germania grüßt? Germania dräut
Heraus aus Berg und Wald.
Ich fühlte mich gern runderneut
Und fühl mich rundum alt.

Germania dräut? Germania bleibt
Mit Gruß und Dräun zurück.
Indes die Hand dies niederschreibt,
Liest's Auge ‚Bingerbrück‘.

Germania bleibt? Germania war,
Germania ist verweht.
Denn längst ist auch dem Dümmsten klar,
Wohin die Reise geht.

Germania war? Germania ist
Schon wieder auf dem Marsch.
Sie hat sich nach Berlin verfügt
Und zeigt Bonn kühl den Arm.

Germania ist? Germania frißt
Sich stetig Richtung Ost,
Vom deutschen Rhein zum Strand der Spree,
Da geht sie ab, die Post.

Germania frißt? Germania schlingt!
Daß es sie nicht verreißt!
Es wäre nicht das erste Mal,
Daß sie die Welt beschummelt.

Germania schlingt? Germania schluckt!
Sie blickt nochmal zurück:
Sie war ja doch nicht ganz verkehrt,
Die Bonner Republik.

Germania schluckt? Germania schluchzt:
‚Lebwohl, mein Roseneck!
Ich bliebe gern am deutschen Rhein
Und muß schon wieder weg.'

Germania schluchzt? Germania seufzt:
‚So war das nicht gemeint!
Wer hat sich eigentlich mit wem
Im Jubeljahr vereint?'

Germania seufzt? Germania schweigt,
Mich trägt der Zug davon.
Lebwohl! Wir sehn uns in Berlin.
Doch heut muß ich nach Bonn."[153]

152 Robert Gernhardt, Die und ich. Aus: ders., Im Glück und anderswo. Gedichte. © S.Fischer Verlag GmbH, Frankfurt am Main 2002, S. 41

153 Robert Gernhardt, Germania. Aus: Ders., a.a.O., S. 119f.

Eva Demski hatte zum Rheingau zunächst eine familiäre Beziehung. Ihre Großmutter stammte aus Bingen und war „in Sichtweite" des Rheingaus aufgewachsen. „Sie sprach von ihrem Zuhause am Rhein wie von einem gelobten Land, gegen das alle anderen grob und finster erschienen."[154] Ihre Großmutter verschlug es nach Regensburg und so wurde Eva Demski 1944 an der Donau geboren. Über Wiesbaden zog die Familie nach Frankfurt, wo sie die letzten Jahre ihrer Kindheit verbrachte. Heute lebt sie wieder dort. Nach dem Studium in Mainz und Freiburg arbeitete sie als Dramaturgieassistentin an den Städtischen Bühnen in Frankfurt und als freie Verlagslektorin. 1969 ging sie als Kulturjournalistin zum Fernsehen des Hessischen Rundfunks und berichtete für die aktuellen Kulturmagazine. 1979 erschien ihr erster Roman *Goldkind*, der das Schicksal eines vaterlosen Jungen im Nachkriegsdeutschland schildert. Eva Demski ist eine Erzählerin von hohen Graden. Das zeigen nicht nur ihre Romane, sondern auch ihre Porträts, Essays, Betrachtungen und Reisebücher über die Donau, Venedig und den Rheingau, in denen sie gern autobiographische Bezüge entdeckt. Dort, wo die Oberfläche ganz ruhig scheint, beginnt sie zu graben und findet kleine, oft verstörende Schätze, die wir sonst übersehen hätten. In ihrem Buch über den Rheingau spielt sie mit den Klischees, die einer touristisch bestens erschlossenen Region anhaften. Die meistbesungene und meistbesuchte Gasse in Deutschland ist für sie kein Ort, den sie unbedingt meiden möchte, sondern ganz im Gegenteil:

„Über die Drosselgasse haben sich ganze Generationen mokiert, so einen Ort braucht man doch nicht als gebildeter Mensch! Ich glaube, das ist nur Neid. Eine Gasse voll Vergnügungen, voll Gemeinsamkeit, in der jeder so falsch singen darf, wie er will. Es geht alles nur Ellenbogen an Ellenbogen, und weil es so ist, haben sie hier schon seit Hunderten von Jahren Übung darin, mit Kontrollverlusten umzugehen. Vielleicht ist das hier ein Kurort gegen misanthropische Anwandlungen, Medizin gegen Vereinsamung. Wenn alle so dicht zusammengepackt sind, kann keiner hinfallen. (...) Ein dünner Strohhalm, der die ganze Welt einsaugt, von Amerika bis Japan, und

154 Eva Demski: Rheingau. Berlin 2013, S. 9.

sie mit Millionen gespeicherter Fotos wieder entlässt. (...) Vielleicht ist sie der Gral, nach dem Russen und Inder, Italiener und Chinesen hier suchen? Sie können einem leider nicht verraten, was sie sich darunter vorstellen."[155]

155 Ebenda, S. 104f.

Michael Herrmann:
Das Rheingau Musik Festival und das Rheingau Literatur Festival

2017 findet das Rheingau Musik Festival zum 30. Mal statt. Vier Konzerte werden dann in Schloss Johannisberg so aufgeführt wie sie einst in dem Örtchen Prades in den französischen Pyrenäen aufgeführt wurden. Der weltberühmte Cellist Pablo Casals war 1939 dorthin gezogen. 1950 hatte er in Prades ein Festival gegründet, bei dem ausschließlich Kammermusik aufgeführt wurde, und zwar von den größten Künstlern ihrer Zeit, von denen einige wegen des Nazi-Regimes in Deutschland nicht mehr auftraten. Darunter Rudolf Serkin, Dawid Oistrach, Isaac Stern, Wilhelm Kempff, Alexander Schneider, Eugene Istomin oder Julius Katchen. Als Zwanzigjähriger reiste ich zusammen mit Freunden – nicht selten per Anhalter – großen Dirigenten nach, deren Konzerte wir dann in Wien, Berlin, Köln oder München hörten. So war ich zu Pablo Casals nach Prades gekommen. In den Pyrenäen setzte sich der Wunsch nach einem eigenen Festival fest. Dass dieser Wunsch dann 24 Jahre später im Rheingau in Erfüllung gehen sollte, ist kein Zufall. Ich wurde in Wiesbaden geboren und kam dort in vielerlei Form mit Musik in Berührung. Ich sang im Schulchor und war auf Jugendkonzerte im Kurhaus abonniert. Später nahm ich Gesangsunterricht. Mein Lehrer sprach gar von einer Karriere als Opernsänger. Ich schätzte dann aber meine Stimme realistischer ein als er und begriff, dass es vielleicht für die Mitwirkung in einem Chor reichen würde. Das änderte jedoch nichts an meiner Begeisterung für die Musik. Auch eine Ausbildung als Buchhändler in Frankfurt und Wiesbaden konnte mich von ihr nicht abbringen. Mit Begeisterung und Ideen allein kann man ein Musikfestival vielleicht gründen, es wird dann aber gewiss nicht 20, 30 Jahre und länger bestehen. Also mussten auch handfeste Fähigkeiten in den Bereichen Management, Finanzen, Ökonomie erworben werden. Um nur einige zu nennen. Wie immer, muss bei Plänen, sollen sie gelingen, auch der Zufall zur Hilfe kommen. Einer der wirkungsvollsten Zufälle trägt den Namen Claus Wisser. Bei einem Job in Wiesbaden im Jahre 1962 begegnete er mir in einem Secondhandladen. Er war Schüler und wurde ein bekannter Unternehmer. Wir wurden Freunde und sind es geblieben. Natürlich konnten wir nicht ahnen, dass sich da zwei noch sehr junge Leute gefunden hatten, bei denen Musikbegeisterung und ökonomische Fortüne zusammenkamen. Und viel mehr als das. Es musste noch die Bereitschaft hinzukommen, Geld für Kultur auszugeben, einzusammeln, anzulegen. Meine Umwege, die schließlich zur Gründung des Rheingau Musik Festivals führten, sollen hier nur kurz gestreift werden. In Gran Canaria sammelte ich Erfahrungen in der Immobilienbranche und machte mich später mit der Gründung einer Vermietungsgesellschaft selbstständig. Der wichtigste Ertrag dieser Jahre aber waren die Bekanntschaften und Freundschaften mit Künstlern. Im Haus von Justus Frantz und Christoph Eschenbach lernte ich Leonard Bernstein kennen. Wir wurden Freunde und blieben es bis zu seinem Tod im Oktober 1990. Nach der Ölkrise von 1972 krankte der Immobilienmarkt. Ich kehrte dann in die Bundesrepublik zurück und machte mich in München mit einer Konzertagentur selbständig. Vor allem holte ich Künstler aus der DDR, die in der Bundesrepublik trotz mancher skurriler bürokratischer Hürden auftreten konnten. Mit finanzieller Unterstützung des Ministeriums für innerdeutsche Beziehungen gelang es, etliche Künstler aus der DDR zu verpflichten. Das hatte den großen Vorteil, dass ich von Traunstein bis Eckernförde die Bundesrepublik kennenlernte und übrigens auch so manchen Ort in der DDR. Schöner war es, Musiker aus der DDR kennenzulernen, die später dann Gäste des Festivals wurden, etwa der Trompeter Ludwig Güttler oder der Soloflötist Eckart Haupt.

Die Anfänge des Rheingau Musik Festivals

1985 lud mich Justus Frantz zu seinem ersten Festival im Kieler Schloss ein. Das heißt aber nicht, das Schleswig-Holstein Musik Festival wäre das Vorbild für unser Festival im Rheingau gewesen. Vielmehr war ich ein wenig überrascht, dass im Norden ein Festival begründet wurde, dessen Idee ja eigentlich von mir stammte. Immerhin hatte Justus Frantz gezeigt, dass es möglich war, in Deutschland ein großes Musik Festival ins Leben zu rufen. Warum nicht auch in Hessen? Seinerzeit war Walter Wallmann dort ein Ministerpräsident, der sein Interesse für Kultur schon deutlich gezeigt hatte. Und wirklich war man von meinen Ideen angetan, bedauerte aber außerordentlich, kein Geld übrig zu haben. Es wurde mir der eigentümliche Rat erteilt, Konzerte an der Zonengrenze zu veranstalten wegen der damals existierenden sogenannten Zonenrandförderung. Ich wollte aber eigentlich nicht

Busfahrten nach Thüringen oder in die Rhön organisieren, sondern hatte Wiesbaden und den schönen Rheingau im Visier. Ich habe dann in den Sommerferien auf eigene Kosten drei Konzerte im Rheingau veranstaltet, um zu zeigen, dass es möglich ist. Habe Handzettel verteilt und in Frankfurt vor der Alten Oper Konzerthinweise hinter die Scheibenwischer der parkenden Autos geklemmt. Immerhin: Es hat funktioniert. Von Anfang an haben wir nicht auf staatliche Zuschüsse gebaut. Vor allem, weil wir bei der Programmgestaltung unabhängig sein wollten.

1988 begann das Rheingau Musik Festival mit 19 Konzerten. Die erste Spielstätte war Kloster Eberbach, das mit seiner hochromanischen Basilika einen unverwechselbaren Konzertraum besitzt. Noch immer wäre der „Sommer voller Musik“ ohne das Kloster undenkbar. Günter Ringsdorf war von 1981 bis 1998 Betriebsleiter und von 1998 bis 2002 Geschäftsführer von Kloster Eberbach. In dem von uns zum 20. Jubiläum 2007 herausgebrachten *Bildband Zwischen den Tönen. Der Rheingau und sein Festival* sagt er, gefragt nach seinem Lieblingsplatz im Kloster: „Die Basilika! Du gehst in die Basilika, bist allein, setzt dich hin, guckst und fängst erstmal an zu staunen. Was um dich rum ist, ist Faszination. Wucht, Kraft, Macht. Und dann merkst du auch, was das Kloster war: Das Kloster war ein Machtzentrum. Aber wenn du die Augen schließt, wirkt plötzlich etwas anderes auf dich ein: die Strömung dieser Basilika, die Ruhe, die Gelassenheit und die Harmonie. Das Kloster fängt an, mit dir zu sprechen, du musst nur zuhören. Es ist wunderbar, hier ein Konzert zu erleben. Hier kannst du die Musik anfassen, hier ist man direkt im Geschehen.“[156]

Der Kassensturz nach der ersten Ausgabe des Festivals wirkte ziemlich ernüchternd. Alle 19 Konzerte waren defizitär. Insgesamt herrschte eine Lücke von 200 000 Mark. Ich dachte, das war's, jetzt sind wir pleite. Jetzt aber kam die Stunde der Finanzfachleute. Sie sprachen von „Verlustvortrag“ und ähnlichen Wundern der Buchhaltung. Im Vereinsvorstand waren ausschließlich Geschäftsleute versammelt. Um es kurz zu machen: Ein anderes Finanzierungskonzept musste her, der gemeinnützige Verein wurde in eine GmbH umgewandelt mit Claus Wisser und mir als Gesellschafter. Mittlerweile wird das Festival zur einen Hälfte aus Sponsorenbeiträgen, zur anderen durch Publikumseinnahmen finanziert. Die beiden

156 Michael Herrmann (Hg.): Zwischen den Tönen. Der Rheingau und sein Publikum, Mainz 2007, S. 24.

Hälften ergeben je ca. 4 Millionen Euro. Man kann sich unschwer vorstellen, wieviel Sachverstand und Erfahrung nötig sind, um das Sponsoring-Konzept an die sich verändernden gesetzlichen Grundlagen, an die jeweilige ökonomische Situation der Sponsoren anzupassen. Genauso gut wird man ermessen können, welch logistischer Meisterleistung es bedarf, um für die mehr als 150 Konzerte eines Festivals über 120 000 Karten zu verkaufen. Die öffentliche Förderung durch das Land Hessen beträgt bis heute jedes Jahr zwischen 0,36 und 0,4%. Und das ist von uns so gewollt.

Der Rheingau als Akteur

Das Rheingau Musik Festival ist eines der größten europäischen Festivals. Es findet im Rheingau nicht etwa nur statt. Es verwandelt ihn während der Sommermonate mit seinen klassischen Konzerten, seinen vielen anderen Kunstformen wie Jazz, Chanson, Kabarett, mit seinen Angeboten für Kinder in eine einzigartige Kulturlandschaft. Diese Verwandlung wiederum kann es nur geben, weil am Festival nicht nur wie in diesem Jahr auch Weltstars wie Hélène Grimaud, Grigori Sokolow oder Maurizio Pollini und lauter hochklassige Künstlerinnen und Künstler teilnehmen. An der Verwandlung nehmen auch Klöster, Schlösser, Weinkeller teil. Der Wein, der wohl beste Riesling der Welt, spielt mit und die gepriesene Landschaft mit dem Rhein als Hauptdarsteller. Und wahrlich nicht zuletzt die Einwohner. Ludwig Güttler, der in Sachen Musik durchaus streng und entschieden sein kann, sagte über das Rheingauer Publikum: „Ganz offensichtlich erfährt das Publikum hier die Situation der Rheingauer Konzerte genau wie ich als zutreffend glücklich, stimmig und authentisch, so dass die Erwartungshaltung gegenüber dem Festival, den Ausübenden und der Musik in einer besonderen Weise wohlwollend ist. Ich sag's mal mit einem ganz vorsichtigen Begriff, manche sind vielleicht schon von vornherein begeistert." „Und wenn", wird er gefragt, „der Privatmensch Güttler Rheingauern begegnet?" „Habe ich bis jetzt eigentlich immer nur angenehme, aufgeschlossene, zugewendete, freundliche Menschen erlebt. Im wahrsten Sinne des Wortes gastfreundlich! Und es gibt Gegenden in Deutschland, die unterschiedlich mit dem notwendigen Gesichtspunkt ‚Service', ‚Dienstleistung', ‚Gast' umgehen. Die Menschen, die mir bisher hier begegnet sind, rangieren in diesen Disziplinen ganz vorn!"[157]

Wenn Festival ist, setzen sich die Besucher mit Freuden ästhetischen

Erfahrungen aus, die sie so sonst nirgends haben können. Sie tauchen in musikalische Welten ein, aus denen sie bereichert und beglückt, aber auch verwirrt und verstört hervorgehen können. Wobei es auch ein Glück der Verwirrung gibt, weil sie Denkmuster, Empfindungsweisen lustvoll infrage stellt. Diese ästhetischen Erlebnisse können sich im Rheingau in einer grandiosen Kulturlandschaft spiegeln. Können beim festlichen oder rustikalen Abendessen in einem freundlichen Parlando ausklingen. Und als Resonanzboden, nicht bloß als Kulisse all dieser Genüsse, bietet sich eine Landschaft an, die von vielen Dichtern als ein Paradies beschrieben wurde.

Einige Spielstätten des Rheingau Musik Festivals

Neben Kloster Eberbach als Gründungsort des Festivals, Schloss Johannisberg und Schloss Vollrads ragt ganz gewiss der Friedrich-von-Thiersch-Saal des Kurhauses Wiesbaden aus den Spielstätten heraus. 1998 entstand dort die Live-Aufnahme sämtlicher Beethoven-Violinsonaten mit Anne-Sophie Mutter und Lambert Orkis. Sie wurde nach ihren ersten Eindrücken von Wiesbaden gefragt: „Ich erinnere mich natürlich ganz lebhaft an die Aufnahme der Violinsonaten von Ludwig van Beethoven; zum einen, weil der Zyklus mir sehr viel bedeutet hat, zum anderen, weil die Auswahl des Saales für das Gelingen eines musikalischen Projektes, zumal, wenn es sich um eine Live-Aufnahme handelt, besonders wichtig ist. Und ganz offensichtlich habe ich in den Jahren davor eine sehr starke Affinität zu Wiesbaden und natürlich zu dem Saal verspürt, sonst hätte ich nicht unter all den Sälen, die ich 1998 weltweit bespielt habe, inklusive Nord- und Südamerika und Fernost, Wiesbaden ausgewählt.“[158]

Das Rheingau Musikfestival ist auch für seine musikalischen Seitensprünge bekannt. In Weingütern kann man fahrenden Musikern begegnen, bei einem „Sitzkissenkonzert“ im Kurfürstensaal der Burg Eltville gerät man zum Beispiel an den Perkussionisten Max Gaertner bei „Max und die Welt des Rhythmus“ oder man trifft beim Schwerpunkt „Starke Frauen“ im Weingut Diefenhardt in Eltville-Martinsthal im Juli 2016 auf „Fräulein Jazz“. Beim Schlossfest in Schloss Vollrads

157 Zwischen den Tönen, a.a.O., S. 6.

158 Zwischen den Tönen, a.a.O., S. 52.

im August 2016 tritt der Schweizer Sänger SEVEN auf. Anschließend kann dort der Original Goethe-Wein getrunken werden. Als Goethe 1815 dort zu Besuch war, beklagte er den schlechten Sitz der Ledertapeten in einem Saal. Er trank übrigens den Rheingauer Riesling mit Vergnügen.

Im Zusammenhang mit Schloss Johannnisberg muss an Tatiana Fürstin von Metternich-Winneburg erinnert werden. Sie gehörte mit großer Begeisterung zu den Mitbegründern des Festivals. Den Ostflügel des Schlosses stellte sie für Konzerte zur Verfügung. Der große Saal wurde nach dem Tod ihres Mannes Fürst-von-Metternich-Saal genannt. Bis zu ihrem Tod war die sehr beliebte Fürstin Vorsitzende des Kuratoriums des Festivals. In dieser Funktion folgte ihr Roland Koch, der ehemalige Ministerpräsident des Landes Hessen, nach. Bei Veranstaltungen des Festivals kann man mit Gewinn renommierte Weingüter, bedeutende Kirchen oder Klöster kennenlernen. Es soll einige Studien geben, die sich dem Zusammenhang von maßvollem Riesling-Genuss mit dem Hörerlebnis klassischer Musik widmen.

Das Festival hat Ende der neunziger Jahre das Weingut J. K. Eser erworben, zu dem noch Weinberge gehören. Seitdem hat das Rheingau Musik Festival dort seinen Sitz mit der schönen Adresse Rheinallee 1. Die Trauben dieser Weinberge baut das Weingut Balthasar Ress als Festival Riesling aus, und das seit 1995. Pünktlich zum Festivalstart wurde der neue Jahrgang auf die Flasche gefüllt. Der Festival Riesling 2015 – der Wein des Rheingau Musik Festivals – ein klassischer Riesling, so außergewöhnlich wie das Festival selbst. Der kleine, festivaleigene Weinbergbesitz verleiht ihm eine besondere Exklusivität. Dazu sagt Stefan Ress, in vierter Generation Eigentümer des Weinguts Balthasar Ress: „Um dem Engagement des Rheingau Musik Festivals zu entsprechen, sollte sich der Festival-Wein in seiner besten Form präsentieren. So ist dieser besondere Wein entstanden, der in jedem Jahr das Festival begleitet.“[159]

Ich möchte noch jemanden vorstellen, der in seinem Lebenswerk den Satz von Claus Wisser „Wirtschaft und Kultur bilden keinen Gegensatz“ exemplarisch verkörpert: Walter Fink. Er war bis 2002 Geschäftsführer der Firmengruppe Fink Schuhe + Sport GmbH, er war Gründungsmitglied des Festivals, er ist Vorstandsmitglied des Rheingau Musik Festival Fördervereins e. V. und der Jury für den Rheingau Musik Preis. 2011 verlieh ihm die Hochschule für Gestaltung Karls-

159 Zwischen den Tönen, a.a.O., S. 46.

ruhe die Würde eines Doktors ehrenhalber der Philosophie für sein engagiertes Forschen nach neuen Ausdrucksmöglichkeiten der Neuen Musik und Medienkunst. 1990 bereicherte seine Idee des Komponistenporträts das Programm des Festivals. Seitdem stellte das Festival in jedem Jahr einen Komponisten vor, der in einem Gesprächskonzert auf Schloss Johannisberg seine Musik selbst präsentiert. 2003 wurde zu dieser Porträtreihe als erste Frau die aus der autonomen tartarischen Republik stammende Komponistin Sofia Gubaidulina eingeladen.

Der Rheingau Musik Preis

Seit 1994 wird jährlich der Rheingau Musik Preis vergeben. Er geht an Musiker, Komponisten, Musikwissenschaftler oder musikalische Institutionen für ihr bisheriges Schaffen und ist mit 10.000 Euro dotiert, die das Hessische Ministerium für Wissenschaft und Kunst zur Verfügung stellt. Unter den Preisträgerinnen oder Preisträgern waren 1999 die Bratschistin Tabea Zimmermann, 2006 der Dirigent Hugh Wolff und 2016 der Schauspieler und Musiker Walter Renneisen.

Das Rheingau Literatur Festival

Letztgenannter bietet mir die Gelegenheit, noch auf das 1993 als „Tochterunternehmen“ gegründete Rheingau Literatur Festival zu sprechen zu kommen. Es trägt den für den Rheingau recht gut passenden Namen „WeinLese“ und ist beim Publikum ebenso beliebt und angesehen wie bei Autorinnen und Autoren. Das liegt auch an den „Spielorten“. Einige wie Schloss Johannisberg, Schloss Vollrads und Kloster Eberbach sind dieselben wie beim Musikfestival. Besonders geschätzt sind die Weinkeller und Kelterhallen traditionsreicher Weingüter. Der dort vorherrschende Duft scheint für das Vorlesen und das Hören von Literatur besonders geeignet. Die eingeladenen Autorinnen und Autoren werden von bekannten Moderatorinnen und Moderatoren vorgestellt und in spannende Gespräche verwickelt. Auch hier spielt der Riesling eine vorzügliche Rolle. In der obligatorischen Pause kommt man mit den Autoren ins Gespräch, was mit einem Glas Wein meist sehr gut gelingt.

Der Musik-Preisträger Walter Renneisen ist regelmäßiger Gast auch beim Rheingau Literatur Festival. Von ihm vorgelesene und klug erklärte Texte arbeiten auf sehr angenehme Weise in den Köpfen der Festivalgäste weiter. Das Rheingau Literatur Festival berücksichtigt im Programm die reiche Tradition des literarischen Rheingaus. Ganz besonders bei den Literaturwanderungen durch die Weinberge, die zwischen angewandter Weinkunde und Freiluftlesungen zum Beispiel von Literatur der Rheinromantik schwanken.

Immer am letzten Sonntag im September, nach acht bis zehn Tagen „WeinLese", wird in den Räumen des Hauptsponsors des Rheingau Literatur Festivals, Relais und Châteaux Burg Schwarzenstein, der Rheingau Literatur Preis verliehen. Der ist in der Autorenszene sehr gut bekannt und nicht wenig begehrt. 111 Flaschen besten Weines aus dem Rheingau bekommt eine Autorin, ein Autor zu den 11.111 Euro Preisgeld hinzu. Daraus resultieren dann manchmal schöne Geschichten. Etwa, dass der Leipziger Clemens Meyer, Preisträger von 2006, eigentlich überhaupt keinen Wein trank. Nach ein, zwei Flaschen Rheingauer Riesling war er bekehrt und trank – heißt es – kein in Leipzig übliches Bier mehr. Ralf Rothmann, der den Preis 2004 bekam, trinkt überhaupt keine alkoholischen Getränke und stiftete die 111 Flaschen der Belegschaft des damals noch Frankfurter Suhrkamp Verlags. 2002 ging der Preis an Robert Gernhardt, 2008 an Ursula Krechel, 2015 erhielt ihn Klaus Modick für seinen Worpswede-Roman *Konzert ohne Dichter*.

Personenregister

FSC
www.fsc.org
MIX
Papier aus verantwortungsvollen Quellen
FSC® C083411

Bibliografische Information der Deutschen Nationalbibliothek
Die Deutsche Nationalbibliothek verzeichnet diese Publikation in der Deutschen Nationalbibliografie; detaillierte bibliografische Daten sind im Internet über http://dnb.d-nb.de abrufbar.

Lektorat: Anna Schloss, Wiesbaden
Covergestaltung: Karina Bertagnolli, Wiesbaden
Satz und Bearbeitung: Karina Bertagnolli | Anja Carrà
Der Titel wurde in der Garamond gesetzt.
Gesamtherstellung: CPI books GmbH, Leck – Germany

ISBN: 978-3-7374-0470-9

www.verlagshaus-roemerweg.de